신정 증보판

東아시아 역사 속의 한국문명의 전환

― 충격, 대응, 통합의 문명으로

김 용 섭

1931년생
1955년 서울대학교 사범대학 졸업
1957년 고려대학교 석사
1983년 연세대학교 박사
1959~1975년 서울대학교 교수
1975~1997년 연세대학교 교수
1977~1979년 한국사연구회 대표간사
1984~1985년 파리 제7대학 방문 교수
2000년~현재 대한민국 학술원 회원

신정 증보판

東아시아 역사 속의 한국문명의 전환

— 충격, 대응, 통합의 문명으로

초   판 제1쇄 발행   2008. 7. 1.
신정 증보판 제1쇄 발행   2015. 10. 3

지은이   김 용 섭
펴낸이   김 경 희
펴낸곳   (주)지식산업사
          본사 ● 413-832, 경기도 파주시 교하읍 문발리 520-12
                전화 (031) 955-4226~7   팩스 (031)955-4228
          서울사무소 ● 110-040, 서울시 종로구 통의동 35-18
                전화 (02)734-1978   팩스 (02)720-7900
          한글문패   지식산업사
          영문문패   www.jisik.co.kr
          전자우편   jsp@jisik.co.kr
          등록번호   1-363
          등록날짜   1969. 5. 8.

책값은 뒤표지에 있습니다.

이 책을 읽고 저자에게 문의하고자 하는 이는
지식산업사 전자우편으로 연락 바랍니다.

신정 증보판

東아시아 역사 속의 한국문명의 전환
─ 충격, 대응, 통합의 문명으로

김 용 섭

지식산업사

1. 〈장천 1호분 천장 별 그림〉

이 별 그림은 하늘에 있는 별들을 그대로 그린 투영도가 아니라, 고구려사람들이 그 선조들의 고조선 개국 사정을 설명하고자, 아래 (1) 북두칠성 (2) 해와 달 (3) 북극 5성과 관련 별들을 좁은 공간에 모은 집성도이다. 그 별들은 각각 다음과 같다.

2. 〈장천 1호분 천장 별 그림 도해〉

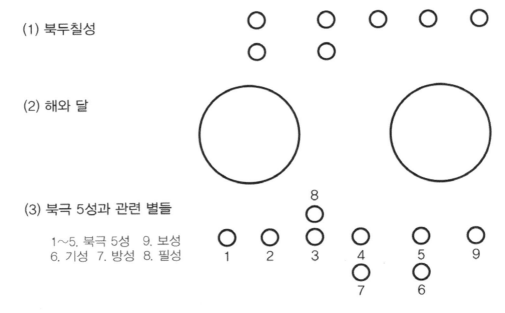

신정 증보판을 내면서

　이 책은 수년 전에, 학술원이 주최한 국제학술회의—주제 ; 문명의 전환과 세계화—에서, 한국의 사정을 보고한 글을, 회의가 끝난 다음 서둘러 소책자로 묶어 간행한 것이었다. 우리 역사를 문명사의 관점에서 간결하게 정리하였었다.

　글을 간결위주로 정리하다 보니, 문맥이 잘 통하지 않고 설명이 부족한 데가 많았다. 중복 설명한 부분도 있어서 균형을 잃기도 하였다. 탈자 오자도 적지 않았다. 그뿐만 아니라 제2차 문명전환은 요점만을 기술한 데다, 해방 후의 사정은 최소한의 설명만으로 그쳐서, 독자들이 아쉬워했다.

　이번 신정 증보판에서는 이 같은 부족한 점을 조정하기로 하였다. 본래 책 전체의 편찬원칙이 간결위주였으므로, 조정의 요령도 이에 따라 간결을 위주로 하였다. 다만 세인이 많은 관심을 갖는 해방 후 남한의 문명사적 특징 국가체제에 관해서는 비교적 긴 보충을 하였다.

　이 작업에는 윤혜인 씨를 비롯한 여러 편집원들이 수고를 많이 하였다. 고맙게 생각하는 바이다.

2015년 3월
저　자

머리말

— 우리 역사를 다시 되돌아보는 작은 책을 내면서

　　지난해에 학술원 인문·사회 제3분과에서는, '문명의 전환과 세계화'라는 큰 주제를 가지고, 국제학술회의를 열었다(2007년 10월 12일). 현재 전 세계적 규모로 진행되고 있는 세계화의 문제가, 온 인류의 문명사 발전의 관점에서는 어떠하였는지 또 어떠해야 할 것인지를 학문적으로 점검해보고자 함이었다. 김태길 학술원회장 지휘 아래, 차하순 위원장 주관으로 학술회의 조직위원 전원이 참여하여 이 회의를 기획하고 진행하였다. 미국과 일본에서 저명한 역사학자를 한분씩 초청하여 강연을 듣기로 하였다. 그리고 이 학술회의가 한국에서 열리는 만큼, 한국에 관해서도 이 문제를 주제로 한 보고가 있어야 한다고 의견을 모았다. 그리고 발표는 저자가 담당하도록 지명하였다.

저자는 이같이 거창한 주제를 다루어 보지 않았으므로, 평소 새로운 개인 연구를 시작할 때와는 달리, 의욕보다 걱정이 더 앞섰다. 차하순 위원장은 구체적으로 연구는 하지 않았다 하더라도, 역사학자가 평생 연구하다 보면 궁극적으로는 이 같은 문제에 직면하고 관심을 갖게 마련이니, 너무 걱정하지 말고 그 온축한 바를 '버어드 뷰'의 자세로 정리해달라고 주문하였다. 분과회의에 이 문제가 보고되었을 때, 이두현 노 회원께서는 왜 그리 어려운 문제를 다루느냐고 걱정을 많이 하셨다. 소생은 긴장한 가운데 구상을 가다듬어나갔다.

저자는 이 문제를 역사적으로 다루기로 하고, 큰 주제의 제3부로서, 〈한국 ; 東아시아 역사 속의 문명전환과 세계화〉란 小제목으로 발표하였다. 한국사 발전과정의 흐름 속에는, 문명사의 관점에서 두 차례(제1차·제2차)의 문명전환과 세계화과정이 있었음을 보고하였다. 즉 한민족의 태반문명에서 중국문명을 중심으로 하는 東아시아 문명으로, 그리고 東아시아 문명에서 다시 서구문명을 중심으로 하는 범세계적 문명으로 전환하는 것이었음을, 거시적으로 조감하는 것이었다. 그때의 학술회의는 국가차원의 큰 회의였으므로, 발표는 개괄적으로 하더라도, 내용은 창의적이고 학구적이어야 할 것으로 생각하였다. 국내외의 이 방면 학문에 작으나마 보탬이 되어야 할 것으로도 생각하였다.

그러나 이 주제는 그 개념이 한국사 전공자에게는 적잖이 생소

하고 부담스러우며, 포함되는 범위 또한 너무나 광대하였음에서, 저자가 짧은 기간 안에 이를 뜻하는 대로 소화하고 정리하기에는 지극히 어려운 문제였다. 스스로의 힘만으로서는 버거울 것으로 판단되었으며, 따라서 저자가 오랫동안 봉직하였던 연세대학 사학과 교수 동학과 후배들의 도움을 받기로 하였다.

한국사 전반과 세계화의 문제에 관해서는, 사학과의 방기중 교수와 몇몇 교수, 경제학과의 홍성찬 교수, 그리고 한양대학과 서울대학에서 이미 정년퇴임한 정창렬, 김광수 두 분 교수와 수시로 만나 의견을 나누었다.

더욱이 초고본이 나왔을 때 그 글은 문명, 문명전환, 세계화를 수없이 말하면서도, 글 전체는 어딘가 좀 공허하고 엉성하며, 글로서 야무지게 맺힌 데가 없어서 불만이었다. 후배들도 어리둥절한 표정이었다. 일반 역사학의 입장에서는 이 주제는 너무나 막연한 것이기도 하였다. 역사학자들에게는, 역사학 일반과 관련하여 무엇인가 익숙한 설명이, 더 언급되어야 할 것으로 생각되었다. 정창렬, 김광수 두 교수와는 이 문제에 관하여 그 원인을 진단하고 처방의 방법을 논의하였다. 그 결과 이 글은 앞글들과 직접적으로 연계되는 것이 아니므로, 이 글만의 주제에 관련되는 개념을 설정하고 들어가는 것이 좋겠다고 판단하였다. 그리하여 서론에 '문명, 문명전환, 세계화의 개념'을 보충함으로써 글로서 아쉬운 점을 해결하였다. 이 부분은 학술회의 마지막 보고본에 추가되었다.

　우리 역사로서의 국문학과 훈민정음(한글)의 역사적 의의에 관해서는 인하대학의 김 영 교수, 천문학과 천문사상에 관해서는 경희대학의 구만옥 교수, 그리고 민속학과 역사학의 유기적 관련성에 관해서는 한남대학의 이필영 교수와 의견을 나누었다. 그런 가운데 구만옥 교수는 발표용 원고를 '파워포인트'로 작성함으로써 글 전체의 논지에 무리가 없는지 재점검하기도 하였다. 이 밖에도 저자를 찾아오는 교수, 박사, 박사생이 있을 때는, 그때마다 이 문제를 화제로 올리고 의견을 들었다.

　동양사, 그 가운데서도 중국사 전반에 관해서는, 아주대학의 조성을 교수, 전 계명대학의 김기협 교수와 평소부터 이런저런 논의를 많이 해왔지만, 이때에는 특히 중화사상과 東아시아의 역사현실 그리고 중국문명과 우리의 고유문명과의 차이점에 관하여 진지한 의견을 나누기도 하고, 때로는 격의 없이 격렬한 토론을 하기도 하였다. 몽골사에 관해서는 주채혁 교수의 답사기행 이야기를 들으면서 새삼 많은 것을 이해하고, 우리 문명과의 친근성을 더욱 가까이 느낄 수가 있었다.

　그런 가운데 김기협 교수는 국제적인 학술회의에 익숙하지 않은 노인이 긴장하지 않도록 외국의 학술회의에 관하여 이런저런 이야기를 들려주었다. 그뿐만 아니라 영문개요를 논문초역으로까지 확대 번역함으로써, 한국 고유문명에 관한 조금은 답답하고 지루한 설명을, 서양사람들에게도 되도록 무리 없이 전달될 수 있도록 수고하였다.

그리고 이 작업과정과 관련해서는, 글을 작성하는 전 기간 동안 사학과의 이현희 원생이 자료를 수집하느라고 도서관을 부지런히 왕래하는 수고를 하였고, 사학과 대학원생을 위한 특강이 있었을 때는 김미성 원생이 '파워포인트'의 추가 작성과 그 운영을 위해서 수고를 하였다. 정진아 강사는 이웃에 있는 관계로 컴퓨터 관련 일이 생겼을 때는 수시로 동원되어 이를 해결하였다.

이같이 이 글은 여러분의 도움을 받음으로써 마무리될 수 있었지만, 그러나 여러 교수들의 의견이 모두 이 글의 논지에 찬동하는 것은 아니었다. 이 글에서 가장 핵심이 되는 부분에 대해서는 동의하지 않는 교수도 있었다. 그러므로 이 글은 저자의 책임 아래 나가는 것이며, 글에 착오가 있다면, 그것은 전적으로 저자에게 책임이 있는 것이다.

이때의 발표는 짧은 기간에 큰 문제를 정리 보고한 것이었으므로, 그 보고문이 충실할 수는 없었다. 그나마 그것을 수록한 보고서도 판매본이 아님에서 널리 읽혀질 수가 없었다. 이 점은 이 글에 관심을 갖거나 이 글을 보고자 하는 이들에게는 아쉬운 일이었다. 그러므로 후일 기회가 있으면, 이를 다시 보완하여, 하나의 단행본으로 간행할 수 있으면 좋겠다고 생각하였다.

그런데 그러한 기회는 쉴 틈도 주지 않고 빨리 다가왔다. 사범대학 서의식 교수 등 후배 교수들은 이 글과 그 밖의 몇몇 글을 《송암수록》이란 이름으로 묶어서 돌려보고 싶다고 하였다. 그러나 그 몇몇 글들은 다른 학회의 기획 사업에 관련된 것이어서, 이를 제3자가 먼저 단행본으로 이용하는 것은 곤란한 일이었다. 그래서 필요하면 저자의 글 하나하나를(원고) 낱 본으로 개별 복사해볼 것을 권하였다.

그리고 지식산업사 김경희 사장은 이 문제의 중요성을 인식하고, 학술원의 발표회장에까지 참석하여 방청한 다음, 보고문을 좀 다듬고 첨삭을 가하여 조그만 논문책자[모노그래프]로 간행하면 어떠냐고 제의하였다. 이를 대대적으로 증보하여 단행본으로 내는 문제는 후일로 미루고, 우선은 이 글을 보고 싶어 하는 독자들에게, 최소한으로나마 발표 때의 글 내용을 그대로 읽게 하는 것이 필요하다고 역설하였다. 이유 있는 일이라고 생각하였으며, 저자로서는 고마울 따름이었다.

이 책은 이렇게 해서 간행하게 되었다. 책의 제목을 학술원의 보고문과 같게 할 수 없으므로, 표제와 같이(《東아시아 역사 속의 한국문명의 전환—충격, 대응, 통합의 문명으로》), 저자의 개별 저서의 제목으로 축소 조정하였다. 간행을 위한 작업은 초특급으로 진행되었다.

빈약한 책자이지만, 우리 문명사의 흐름을 거시적으로 정리해볼 수 있도록 기회를 마련해주신 학술회의의 위원장과 위원 여러분, 소생이 이 문제를 소화시킬 수 있겠는지 염려해주신 노 선생님, 그리고 그동안 이 주제를 정리하는 작업에 구체적으로 도움을 주신 여러 동학 교수 후배들의 호의에 고마운 마음 금할 수 없다. 그리고 저자보다도 더 이 글의 중요성을 강조하고 그 완성을 고대하였던, 김경희 사장의 우리 문화 탐구정신에 새삼 감탄하면서, 편집부 여러분들의 노고에도 감사하는 바이다.

2008년 3월

저 자

▌차 례

Ⅰ. 서 론

II. 중국의 천하체제와
東아시아 여러 민족의 세계화

III. 한민족의 고조선문명

IV. 한민족의 제1차 문명전환과 세계화
— 중국문명의 수용

18

V. 한민족의 제2차 문명전환과 세계화
— 서구문명의 수용

I. 서론

1. 東아시아 여러 민족의 문명전환과 세계화

■ 東아시아 역사 속의 종족 민족 국가

東아시아의 역사는 구석기시대 신석기시대 청동기시대를 거쳐 오늘에 이르기까지 유구한 세월을 발전하여 왔다. 이 지역에는 중국을 중심으로, 그 북(北)~동(東)쪽의 몽골고원, 만주와 시베리아 일부, 한반도, 일본열도 지역에 북방민족, 여러 알타이어계 종족·민족 국가들——예 ; 흉노(匈奴)·돌궐(突厥)·위그루(回紇)·탁발(拓跋)·동호(東胡)·선비(鮮卑)·오환(烏桓)·글안(契丹)·몽골(蒙古)·산융(山戎)·숙신(肅愼)·읍루(挹婁)·말갈(靺鞨)·여진(女眞)·만주(滿洲)·맥(貉;貊)·예(濊)·예맥(濊貊)·한(韓)·왜(倭) 등등—— 및 그 밖의 종족·민족들이 이동도 하고 정착도 하며 살아왔다.[1]

한민족도 그들 가운데 한 구성원이었다. 그들이 사는 지역은 중국과 가까웠으나, 그 인종과 문명은 각각 중국인〔漢人·華夏人〕의 그것과 다른 고유한 것이었다. 그러한 종족 민족 국가들이 역사적으로 크게 두 차례에 걸치며 문명전환과 세계화를 경험하고 있었다.

---

1) 김정학, 〈한국민족형성사〉《한국문화사대계》Ⅰ 민족·국가사(고려대학교 민족문화연구소, 1964).

_____, 《한국상고사연구》(범우사, 1990).

孫進己, 《東北民族源流》(黑龍江人民出版社, 1987).

_____, 임동석 역, 《東北民族源流》(동문선, 1992).

■ 두 차례의 문명전환

제1차 문명전환은, 중국 동·북지역의 북방민족 알타이어계 여러 종족 민족 국가들이, 그들 자신의 고유문명을 지니고 하나의 문명권—알타이어계 문명권, 고조선 문명권, 동이족 문화권, 동방 문화권—을 형성하고 있었으면서도, 중국문명을 핵심으로 한 東아시아 문명권으로 흡수되고 문명전환을 한 경우이다. 중국이 과학기술·산업·사상 등 여러 면에서 발전하여 문명국가, 강대국가로 성장하자, 주변민족들은 자의건 타의건 그 중국문명을 받아들임으로써 또는 흡수됨으로써 문명전환을 하고, 그것을 東아시아의 보편적 세계적 문명으로 인정하게 되는 과정이었다.

東아시아 문명권은 오랫동안 중국사에서 '천하(天下)'라는 관념으로 인식되어 왔다. 당시의 여건으로서는 천하가 곧 세계였으므로, 그 천하체제(天下體制)에 편입되는 과정을 '천하화(天下化)'라고 한다면, 이는 오늘날의 문명전환에서 말하는 '세계화'와 같은 의미의 변화였다고 하겠다.

제2차 문명전환은, 중국도 포함한 東아시아 여러 민족 국가들이, 17세기 이래로 東아시아 문명권 내부에서 성장·이완·변동하는 가운데, 19세기에 이르러서는 그보다 더 넓은 전 세계의 문명전환을 목표로 하는, 선진 서구문명을 수용함으로써 문명전환을 하고, 그것을 보편적 범세계적 문명으로 인정하게 된 경우이다. 오늘날의 문명전환과 세계화의 시작이었다.

그런 가운데서도 이 책에서는, 주로 한민족과 東아시아 여러 알

타이어계 종족·민족들이 역사적으로 함께 경험한, 제1차 문명전
환을 중심으로 고찰하고 정리하였다. 제2차 문명전환에 관해서는
그것이 현재도 진행되고 있는 문제임에서 그 문명사로서의 특징
을 지적하는 데 그쳤다.

2. 문명전환·세계화 고찰의 방법과 유의사항

■ 문명전환 정리 보고의 방법

'문명의 전환과 세계화'의 문제는 현재와 미래를 잇는 국가정책
의 문제로서, 어쩌면 국가와 민족 문명의 장래가 규정되는 문제일
수도 있다. 그러므로 학계에서는 이미 전문가들에 의한 논의가 많
았다. 그리고 학술원에서도 세계적인 석학을 모시고 이 문제에 관
하여 말씀을 듣게 되었다. 그 일환으로 저자에게 한국의 경우에
관하여 이 문제를 보고하도록 지명하였다.

저자는 문명사가도 아니고 미래학자도 아니며 평범한 한국사
전공자이므로, 이를 東아시아 역사 속에서 그들이 과거에 경험하
였던 바 문명전환의 예를, 세계화의 역사적 사례로서 보고하기로
하였다. 그리고 근년의 중국사 연구에서는, 東아시아 역사 속의
문명전환에 관한 중국사 쪽의 논리를 '천하사상' '화이사상' 등으
로 이미 다루었으므로(주 4의 여러 논문), 이 보고에서는 이들 중국
사 연구의 성과에 크게 의존하면서, 그와 대비되고 대칭이 되게,

주변민족과 한민족 측의 사정을 정리하였다.

그리고 이 책의 주제와 관련되는 한국사 측의 사정도, 저자 개인의 연구이기보다는 기왕의 연구 성과를 계통적으로 연결 정리하는 작업으로서 수행하였다. 연구가 공백인 부분은 자료를 통해 연결하였다. 몇몇 동료 학자들과 수시로 의견을 나누고 토론을 하며 도움을 받았다(머리말 참조).

■ 문명전환 고찰에서 유의한 사항

'문명의 전환과 세계화'의 문제는 현재의 문제이고 미래의 문제임에서, 우리는 이 고찰에서 특히 몇 가지 점에 유의하며 문제를 정리하였다.

첫째, 두 차례 문명전환의 어느 경우를 막론하고, 문명전환 세계화의 방법은, 신사적이고 정상적인 국교로서의 문물교류 상거래로서만 전개되었던 것은 아니었다. 거기에는 정치·경제·군사상의 침략 정복전쟁이 수반하는 양면성이 있었음에 유의하였다.

둘째, 문명전환의 물결에 대한 대응자세(대책과 노선)에 관해서는, 생사를 가늠하는 여러 길이 있음에 유의하였다. ① 문명전환 세계화의 물결을 거부하고 전통문명만을 고수하면 낙후하고, ② 중국문명에 따라가기만 하고, 세계화정책에 의욕이 과잉하여 중국을 정복하고 들어가거나, 중국에 정복당하면, 문명이나 민족 국가가 완전히 중국화되기 쉬우며, ③ 중국문명을 점진적 소극적으로 수용하되, 자기 고유문명의 정체성을 지키기에 노력하면, 새로운 문명단계로 도약할 수 있는 기회가 있음에 유의하였다.

셋째, 문명전환은 결국 신·구문명의 교체과정인데, 그럴 경우 신·구문명 사이에는 신·구사상의 갈등 대립이 따르지 않을 수 없다. 그러므로 문명전환과 세계화는, 이 같은 신·구사상의 갈등구조를 정책적으로 어떻게 조정하고 해결하는가에 따라, 그 결과 성패가 달라진다는 점에 유의하였다.

넷째, 그리하여 이러한 문명전환의 과정을 주의 깊게 살피면, 문명전환의 본질과 성격이 스스로 드러나고, 앞으로 다가올 세계화에서의 자세가 어떠해야 할 것인지, 스스로 분명해지도록 문제를 정리하였다.

3. 문명, 문명전환, 세계화의 개념

한국의 문명전환과 세계화의 문제를 이같이 정리하기 위해서는, 먼저 이 글에서 쓰고 있는 문명, 문명전환, 세계화의 개념이 어떠한 것인지, 약간의 설명을 해두는 것이 필요하겠다.

■ 문명의 개념, 小規模 문명권의 형성

문명의 개념에 관해서는 물질문명, 정신문명 등 여러 논의가 있어 왔지만, 저자는 그것을 문명이라고 하는 용어가 사용되기 이전부터, 한 지역에 정착하여 살고 있었던 종족이나 민족들이 그들의 사유방식 지적능력에 바탕을 두고 그곳 자연환경과 관련하여 오랜 세월에 걸치면서 형성한, 그들 고유의 정치·경제·사회·사상·

신앙·산업·군사·관습 등 모든 문화적 활동을, 총체적 유기적으로 파악하고 표현하고자 하는 통합개념이라고 이해하고 있다.

우리는 문명단계에 들어가는 것과 초기국가가 성립되는 것을 동일시하였는데, 국가가 성립되기 위해서는 그러한 문화적 산물이 모두 갖추어져야 하기 때문이다. 그뿐만 아니라 문명은 총체적 유기적인 것이어서, 어느 시점에 기술문명만을 받아들인다 하더라도 그것으로 그쳐지는 것이 아니라, 머지않아 정신문명도 그에 수반하여 받아들이지 않으면 아니 되도록 되기 때문이다. 그러므로 이 글에서는 문명을 그러한 총체적 유기적 통합개념으로 전제하고서 논지를 전개하였다. 그러한 점에서 한 지역에 최초로 성립된 작은 초기국가는, 小세계 문명권의 형성이고 문명사 발전 초기의 작은 문명세계가 되는 것이라고 하겠다.

■ 中규모 東아시아 기타 등 지역단위 문명권의 성립

고대의 東아시아 세계에는 이 같은 小세계 문명권이 여러 곳에 성립되고 있었다. 그들이 혈통이 다르고 언어가 다른 종족이나 민족일 경우, 그들이 성립시킨 東아시아 여러 나라의 문명은 각각 고유성·차별성을 지니게 되는 것이 일반이었다. 그들 小세계 문명권의 고유문명은 초기에는 대개 비슷한 수준으로 출발하였으나, 그 입지조건이나 정책의 차이로 말미암아서는, 세월이 흐름에 따라 차츰 그 문명수준에 격차가 벌어지게 되었다. 문명수준이 고도한 것에서 저급한 것에 이르기까지 다양했다.

그런 가운데서도 중국문명은 국력도 부강하고 인재도 많은 가

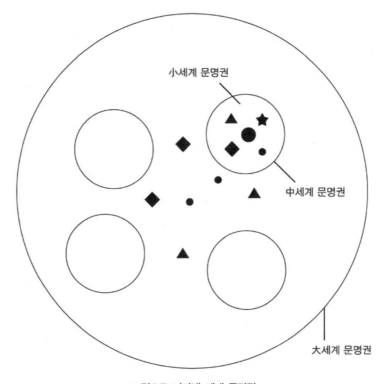

그림으로 나타낸 세계 문명권

운데, 다른 東아시아 여러 나라의 문명과는 비교할 수 없을 만큼,
높은 수준으로 성장 발전하였다. 그리고 그 국가 중국은 중화사상
·천하사상, 강대한 군사력으로 무장한 대제국이 되어, 천하체제를
구축하였다. 중국을 중심으로 하는 東아시아 문명권의 형성이었
다. 중국문명의 보편적 가치관은 유교적 도덕주의와 합리주의였
다. 주변의 종족 민족 국가들에게 그 천하체제에 복속하고 조공

(朝貢)할 것을 요구하고, 東아시아 문명세계에서 맹주인 천자(天子)가 되었다. 이를 전 세계적으로 보면, 中규모의 東아시아 세계 문명권의 성립이었다.

같은 논리로, 전 세계에는 이 같은 中규모의 지역단위 세계 문명권이 여러 곳에 성립되고 있었다. 서구(서양) 세계 문명권, 이슬람 세계 문명권, 힌두 세계 문명권 등은 그 두드러진 예이었다. 그리고 그 안에는 소규모의 여러 문명단위가 있고 중심부가 있어서 그 문명세계가 원활하게 운영되었다.

■ 서구문명을 중심으로 한 大규모 세계 문명권의 성립

인류사회의 역사의 발전은, 이러한 여러 지역의 中규모 세계 문명권을 통합해서, 전 세계적 규모의 大규모 세계 문명권을 성립시켰다. 서구의 근대국가가 전 세계를 군사적으로 제패하는 가운데, 세계 여러 지역에 형성되고 있었던 지역단위의 중세적 세계 문명권을, 서구식 근대적 세계 문명권으로 문명개화 문명전환시킨 것이다. 그 서구문명의 보편적 가치관은 자유·평등·박애의 정신이었으며, 그것에 바탕을 둔 인간사회의 민주화의 실현이었다. 위의 그림('그림으로 나타낸 세계 문명권') 참조.

■ 문명전환 세계화의 개념

문명의 전환이나 세계화란, ① 小세계 문명권의 여러 종족이나 민족이 中세계 문명권의 선진문명을 받아들이고 그 문명에 합류하거나, 또는 시대가 많이 흐른 뒤, ② 中세계 문명권의 민족이나 국가들이 大세계 문명권의 선진문명을 받아들이고 거기에 합류하는 가운데, ③ 자기들 본래의 고유문명을 변동시키거나 폐기하고, 자기들보다 문명의 수준이 높고 국제사회의 질서 운영에서 중심이 되는 다른 선진국가의 문명권 속으로 편입되어〔천하화, 세계화〕, 그 선진문명의 운영원리나 질서를 따라 살아가게 되는 것을 말한다.

④ 이때에는 그 종족이나 민족들이 그 세계문명을 주도하는 선진국에 완전히 복속하고, 그 종족이나 민족마저 선진국 민족에게 융화되어 소멸되기도 하였는데, 이 또한 문명전환이고 세계화이었다.

⑤ 어느 경우이거나 그 문명전환은 자의에 따라 이루어지기도 하고, 강자와 약자 사이의 힘의 논리—정복전쟁—를 통해서 이루어지기도 하였다.

■ 문명전환은 문명사의 역사적 발전단계

문명전환을 문명사의 발전과정이라는 관점에서 보면, 그 전환은 문명사의 역사적 발전단계를 의미하는 것이기도 하였다. 즉 ① 小세계 문명권의 형성단계, ② 中세계 문명권의 형성 발전단계, ③ 大세계 문명권의 형성 발전단계는 역사의 발전단계인 것이다. 이는 점진적이고 지역에 따라 시차가 있는 것이기는 하였지만, ① 고대문명 → ② 중세문명 → ③ 근·현대문명이라고 하는 역사적 단계성을 지닌 발전과정이기도 한 까닭이었다. 역사의 실체는 하나인데, 역사학에서는 이를 여러 측면에서 살피고 있는 바, 문명사는 그 가운데 하나인 것이다.

그러므로 각 문명단계는 각각의 지역적 시대적 성격을 갖는다
고 하겠다. 다시 말하면 각 지역의 사회발전이나 역사발전에는 적
지 않은 시차와 차별성이 있으므로, 각 지역 세계문명의 형성과정
발전단계가 반드시 시간적으로 일치하거나 그 성격이 동일할 수
는 없었다. 거기에는 그 지역적 특성과 역사적 배경에 따르는 문
명상의 차별성과 특질이 있게 마련이었다. 그러한 여러 지역의 문
명이 범세계적인 규모로 거지반 동질의 문명을 이루게 되는 것은
근대문명에 이르러서의 일이었다.

■ 문명전환의 범위와 정도는 민족 국가에 따라 차이

이 같은 문명의 전환에서 小세계 문명이 자기의 고유문명을 어
느 범위에서 中세계 문명으로 전환시킬 것인가, 그리고 中세계 문
명이 자기 세계의 문명을 어느 정도로 大세계 문명으로 전환시킬
것인가 하는 문제는, 어려운 문제였다. 10~20퍼센트 정도 또는
50~60퍼센트 정도를 전환시킬 것인지, 아니면 100퍼센트 전부를
전환시킬 것인지, 그것은 전적으로 그들 문명사회의 정치 사회체
제의 발전 정도와, 그 사회를 이끄는 지식인이나 정치지도자층의
판단력에 달려 있었다.

東아시아의 중국·한국·일본의 세 나라의 경우에서 그 문명전환
의 예를 보면(제2차 문명전환의 경우), 그들은 처음에는 모두 전통적
인 정신문명을 바탕으로 하고서 서구의 기술문명이나 실용문명을
받아들이고자 하였던 점에서(중체서용·동도서기·동도서예) 동일했다.
그러나 결국에는 정신문명과 민주적 정치사상까지도 받아들이는

국가가 있게 되었고, 따라서 근현대의 중국·한국·일본 세 나라의
정치형태는, 서양사상을 바탕으로 한 민주공화국('자유민주적 기본
질서'로서의 민주공화국 남한), 인민공화국·사회주의국가(중국과 북한)
와 전통사상을 바탕으로 한 천황제(살아 있는 신)의 군국주의국가
로 가는(일본) 차별성을 보이게 되었다.

  일본이 천황제 정치체제에 서구문명의 민주적 정치사상을 도입
하여 민주화한 것은, 태평양전쟁을 통해 그 스스로 이루 말할 수
없는 희생을 치르고, 주변민족에게도 지대한 피해를 입힌 다음 종
전이 된 뒤의 일이었다. 문명사에서 문명의 전환이나 세계화의 문
제는, 민족과 국가의 발전방향을 규정하고, 그 흥망성쇠도 가늠하
는 문제가 되는 것이라고 하겠다.

Ⅱ. 중국의 천하체제와 東아시아 여러 민족의 세계화

1. 중국이 東아시아에 천하체제를 확립할 수 있었던 근거

먼저 우리는 한민족의 제1차 문명전환과 세계화를 말하기 전에, 중국의 천하체제와 東아시아 여러 민족의 천하화·세계화가 어떠하였는지, 그 요점을 살펴두는 것이 필요하겠다.

■ **중국의 천하체제 확립은 그 고대문명의 형성 발전에서부터**

중국이 그 東·北지역에 역사적으로 등장하는, 앞에 언급한바 북방 민족 국가를 중국문명으로 문명전환시키고 세계화하게 되는 것은, 그 小세계문명 초기국가〔夏～商 전반〕가 주(周)나라에서 진(秦) 한(漢)의 천하제국에 이르기까지, 고대문명 고대국가를 크게 형성 발전시키면서부터이었다. 그 이전의 신석기시대의 원시사회와 초기국가 단계까지는, 중국이나 그 주변민족이 각자 그들 고유문명을 발전시키고 있었다. 이때에는 북방민족도 '요하문명—홍산문화'라고 하는 화려한 문명을 발전시키고 있었다(주 21의 한창균 ①논문, 우실하《요하문명론》, 주 23의 복기대 교수 논문 참조).

■ **중국 고대문명의 두 측면 ; 산업의 발달과 제국의 건설,**
　중화사상의 형성과 천하체제의 확립

중국이 그러한 주변 종족이나 민족 국가를 문명전환시키기 위해서는, 두 측면에서 그럴 수 있는 근거를 마련하지 않으면 안 되었다. 그 하나는 과학기술(철기 제조기술) 산업(농업)의 발달을 바탕으로 부강한 나라 강대국가가 되고 있었다는 점이다. 특히 철광업과 철기제조의 산업은, 다른 나라에서 볼 수 없었던 선진기술로서, 이 시기 중국 고대국가의 발달, 천하제국 형성의 기초가 되었다.[2] 다른 하나는 중국, 중국인을 중심으로 하는 중화사상(中華思想)·천하사상(天下思想)을 형성하고 있었던 점이다.

전자는 상·주(商·周) 춘추전국(春秋戰國)의 시대를 거쳐서 진·한(秦·漢)제국의 형성으로 나타나고 있었으며,[3] 후자는 화이관(華夷觀), 천하관(天下觀), 사대자소(事大字小), 조공책봉(朝貢冊封)제도 등을 담고 있는 것으로, 이 중화사상은 주변의 여러 종족이나 민족국가를 중국 중심의 천하체제(天下體制)에 종속시키고〔천하화(天下化)〕, 중국 주변의 국제사회를 상하(上下)관계로 질서화하는 데 축이 되는 사상이었다.[4]

---

2) 白云翔, 《先秦兩漢鐵器的考古學研究》(2005).
   夏湘蓉 外 編著, 《中國古代鑛業開發史》(1980).
3) 이성규, 《중국고대제국성립사연구 ─진국 제민지배체제의 형성─》(일조각, 1984).
   ____, 〈중국문명의 기원과 형성〉《강좌 중국사》Ⅰ(지식산업사, 1989).
   ____, 〈춘추전국시대의 국가와 사회〉 같은 책.
   정하현, 〈황제지배체제의 성립과 전개〉 같은 책.
4) 전해종 외, 《중국의 천하사상》(민음사, 1988). 이 저서에 참여한 집필진과 그 논제는 다음과 같다.
   윤내현, 〈천하사상의 시원〉.
   김한규, 〈한대의 천하사상과 기미(羈縻)지의〉.
   김충렬, 〈중국 천하사상의 철학적 기조와 역사전통의 형성〉.
   유인선, 〈중월관계와 조공제도〉.
   전해종, 〈중국인의 천하관과 그 명실〉.
   이춘식, 《중화사상》(교보문고, 1998).

그런데 이러한 중화사상·천하사상의 형성은, 고대의 천문(天文) 천학(天學) 연구와 밀접한 관련이 있었다. 천문 천학은 하늘의 별자리[星座]를 통해서 천(天)의 운행원리를 파악하고, 그것을 표본으로 지상 인간사회의 질서를 확립하며, 황제(皇帝)의 통치권을 강화하려는 학문이었다. 그러한 문제를 국가차원에서 다루는 것이, 국가 관료학자인 사관(史官)이고,《사기(史記)》《한서(漢書)》《진서(晉書)》등 그들이 중심이 되어 국가사업으로 편찬한 이른바 정사(正史)이었다. 따라서 고대 중국에서는 중국 황제권(皇帝權)의 권위는 절대적이었고, 주변국의 군주권(君主權)은 이와 대등할 수 없다는 것이었다.5)

김한규,《고대중국적세계질서연구》(일조각, 1982).

이성규,〈중화사상과 민족주의〉《철학》37(1992).

전해종,〈고대 중국인의 한국관〉《한국사학》6(1985) ;《東아시아의 비교와 교류》(지식산업사, 2000).

_____,〈동양의 전통적 대외관 ─중화주의·사대주의·모방문화〉《문학과 지성》1974 겨울호 ;《역사와 문화 ─한국과 중국·일본》(일조각, 1976).

_____,〈한대 조공제도고 ─사기, 한서를 통하여〉《동양학》1(1971) ;《동아문화의 비교사적 연구》(일조각, 1976).

민두기,〈청조의 황제통치와 사상통제의 실제 ─증정모역사건과 "대의각미록"을 중심으로─〉《진단학보》25·26(1964) ;《중국근대사연구》(일조각, 1973).

조병한,〈청대 중국의 大一統的 중화체제와 대외인식의 변동〉《아시아문화》10(1994).

고영진,〈한국사 속의 세계화, 주체성 그리고 개혁〉《역사와 현실》37(2000).

정창렬,〈실학의 세계관과 역사인식〉, 연세대학교 국학연구원 편,《한국실학사상연구》Ⅰ (혜안, 2006).

5) 江曉原,《天學眞原》(遼寧敎育出版社, 1991). 여기서는 1995년판을 이용하

이들 사상은 시대를 따라, 그리고 주변 종족이나 민족 국가의
성장에 따라 다소 달라지지만, 그 원칙은 19세기까지 지속하였다.

이 같은 중화사상은 중국의 경서(經書)·사서(史書) 기타 등에 기
록되어 있다. 그러므로 이들 저술을 통해서 중국과 그 정치사상을
배우는 주변민족의 정치인이나 지식인들에게는, 이 사상은 자연
스럽게 이해되고 수용될 수 있었다.

■ 중국 고대의 천하통일 천하체제의 확립과정

중화사상과 천하체제의 논리는 중국문명과 그것을 운영하는
중국정치의 큰 특징이었다. 우리는 이러한 사정을 이해하기 위
하여 좀 장황하지만 고대 중국의 정치사의 흐름을 살펴둘 필요

였다.

安平秋·張大可·俞樟華,《史記敎程》(華文出版社, 2002).

張新科,《史記學槪論》(商務印書館, 2003).

이문규, ① 〈고대 중국 '천문' 해석의 원리 —《사기》〈천관지〉를 중심으로
　　—〉,《동아문화》35(서울대학교 동아문화연구소, 1997).

＿＿＿, ②《고대 중국인이 바라본 하늘의 세계》(문학과 지성사, 2000).

전해종, 〈史記의 歷史敍述〉《학술원논문집》인문사회과학편, 44(2005).

＿＿＿, 〈〈史記〉와 〈삼국사기〉의 역사관·역사서술에 관한 비교검토〉《학
　　술원논문집》인문사회과학편, 51의 1(2012).

동양사학회 편,《동아사상의 왕권》(한울, 1993). 이 저서에 수록된 논문의
집필진과 그 제목은 다음과 같다.

　이성규, 〈중국 고대 황제권의 성격〉.

　신채식, 〈송 이후의 황제권〉.

　이태진, 〈조선왕조의 유교정치와 왕권〉.

　김호동, 〈북 아시아 유목국가의 군주권〉.

　유인선, 〈베트남의 전통적 왕권개념〉.

　김은숙, 〈일본 왕권의 성립에 관한 제 연구〉.

가 있겠다.

기원전 771년에 주(周)나라 평왕(平王)이 견융(犬戎·西戎·獫狁)의 침입을 피해 호경(鎬京)에서 낙읍(洛邑)으로 도읍을 옮겼다. 동주(東周)의 시작이었다. 이 시기를 기점으로 중국의 모습에 큰 변화가 일어났다. 가장 뚜렷한 변화는 기록의 증가와 국가의 대형화였다. 철기의 보급이 이 변화의 원인으로 지목된다.

상(商)나라 중엽까지, 東아시아 여러 지역의 청동기문명권은 대동소이한 발전단계에 이르렀던 것으로 보인다. 부족(部族)국가 내지 읍제(邑制)국가가 기본적 정치조직이었고, 더러 대규모의 연맹체국가가 형성되고 있었다. 상나라는 그러한 연맹체국가의 하나였다. 그런데 기원전 10세기 주나라로 넘어오면서 전혀 다른 변화가 시작되었고, 동주로 옮기면서 이 변화가 가속화했다.

국가의 대형화가, 진시황(秦始皇)의 통일사업과 한(漢)제국의 정복사업에 이르기까지 이어지며, 원래 이적(夷狄)이라 불리던 많은 주변 종족들을 차례차례 중국에 흡수하였다. 그리고 이 흡수과정은 진시황 이후에도 계속되었다. 원래 상·주와 다른 계통의 청동기문명에서 유래하는, 많은 다른 종족들의 문명도, 이 과정을 통해 중국문명 속에 용해되었다. 천하체제(天下體制)의 확립이고, 東아시아 문명권의 형성이었다.

비교적 먼 곳에 있던 종족들은 오래도록 중국에 흡수되는 것을 면하기도 하였지만, 그래도 중국의 우월한 군사력과 생산력 그리고 차원 높은 문화와 기술 때문에, 중국문명의 영향을 갈수록 강하게 받지 않을 수 없었다.

東아시아 지역을 석권한 중국은 이를 지배하기 위하여 천하관(天下觀)·화이관(華夷觀)을 세웠다. 그들의 영향이 미치는 세계를 '천하(天下)'라 부르고, 이를 천자(天子)가 직접 지배하는 '중국(中國·中華)'과 조공(朝貢)관계를 통해 간접적으로 지배하는 '이적(夷狄)'으로 구분하였다.

이 천하관(天下觀)에 근거를 둔 천하체제(天下體制)의 확립은, 한(漢)나라 이후에도 중국의 여러 왕조가 거듭해서 시도했다. 이 천하체제의 시도는 이제 국가체제를 갖춘 주변 여러 민족 국가들에게 군사·경제·문화의 여러 방면에서 큰 압력 충격으로 작용하였다. 고조선과 그 문명의 전통을 이어받은 한민족도 주변의 다른 민족들과 함께, 이 압력 충격에 대응하는 과정을 거치면서, 그 정체성을 조정하며, 중국의 천하체제를 축으로 하는 東아시아 문명권에 편입되었다.

2. 중국과 북방민족의 문명전환을 둘러싼 갈등 대립과 그 결과

■ 북방민족의 화이관 천하관에 대한 입장 ; 그대로는 따를 수 없는 것

그러나 중국의 화이관 천하관이 중국인의 관점에서는 그렇다

하더라도, 그 북·동지역에 등장하는 여러 종족이나 민족 국가 등 북방민족들의 입장에서는, 언제나 이를 그대로 따를 수 있는 것이 아니었다. 이들 주변 종족이나 민족 국가들에게는 그들의 입장에 따른 이해관계가 있었다.

북방민족들 가운데는 특별한 경우 중국에 들어가 중국인이 되고자 하는 사람도 있었겠지만, 대체로는 중국과 교섭 교류를 원하면서도, 그들 자신의 독자성과 자주성을 유지하려 하였다.

그러므로 북방민족의 문명전환을 통한 세계화과정에서는, 그 주체국 중국과 객체국 북방민족 사이에 항상 갈등과 대립, 마찰과 충돌이 따르지 않을 수 없었다. 그리고 객체국들의 사회 경제 사정이나 조건의 차이에 따라서는, 문명전환의 방법에 현저한 차이가 나타나기도 하였다.

■ 북방민족 주변민족의 문명전환의 경로와 중국과의 충돌

중국 주변의 종족이나 민족 국가 등 북방민족의 문명전환과 세계화는 여러 가지 방법으로 진행되었다. 우리는 그것을 다음과 같은 몇몇 유형으로 정리할 수 있다.

통상적인 유형으로는 문명전환의 주체국과 객체국 사이의 문물 교류 통상무역의 방법으로 이루어지는 것이 일반이었다. 이 경우에는 흔히 조공(朝貢)의 형식과 절차를 거쳤다.

그러나 東아시아의 제1차 문명전환과 세계화과정에서 취해진 주된 그리고 두드러진 유형은 정복전쟁이었다. 그 정복전쟁은 두 가지 형태로 전개되었다.

그 하나는 중국이 대제국으로 성장하고 전쟁능력을 갖추었을 때, 팽창주의정책을 써서 주변의 종족이나 민족 국가를 정벌하고 이들을 해체시켜 중국화시키는 방법이었다〔군현제 실시〕. 힘의 논리였다. 그러지 못할 경우에는 기미정책(羈縻政策)으로 긴박하기도 하고, 분열과 상호 견제정책을 쓰도록 함으로써 주변민족을 교란시키기도 하였다. 주변의 종족이나 민족들은 서로 대립 항쟁하고 있었으므로 중국으로서는 그것이 어려운 일이 아니었다.

그리고 다른 하나는 주변의 종족이나 민족 국가 등 북방민족들이 성장 연합하여 세를 키우고 강대국가가 되었을 때, 중국을 침공하고 당시의 중국왕조를 정복하며, 그들이 새로운 중국왕조로 그 자리에 들어앉는 경우이었다. 그러나 이런 경우에도, 그들 북방민족은 중국문명의 논리와 방법으로 그 중국을 통치하게 되며, 따라서 그들은 조만간 중국문명의 넓고 깊은 늪에 빠져 헤어나지 못하고, 마침내 중국문명에 흡수되고 중국화(中國化)하게 마련이었다(北魏·遼·金·元·淸의 경우).

그 정복왕조가 중국인들에 의해서 멸망하게 되었을 때, 그들은 도망자들만이 소수민족으로 살아남을 수 있었다. 혹 중국이 쇠퇴할 경우 다른 민족과 결합하여 재기하고 중국을 다시 정복할 수도 있었지만, 그들 문명의 수준이 높아지기 전에는 실패는 되풀이되고 중국화는 거듭되게 마련이었다(여진족의 金, 後金·淸의 경우).

이런 경우에는 본래의 중국인 중국문명도 외래 민족이나 외래 문명의 강인하고 신선한 피의 수혈을 받아 더 새로운 중국인 중국

문명으로 탄생하였으며, 주변의 작은 종족이나 민족들은 그 이름
이 소멸하고 새로운 중국인으로 탄생하였다. 그것은 결국 그 내면
이 호한체제(胡漢體制)로 종합되어가는 과정이었다. 긴 눈으로 볼
때 중국문명사 東아시아문명사에서 반복되는 이러한 상호 정복전
쟁은, 이질적인 여러 민족의 피와 문명이 하나의 중국민족으로 융
화하고, 중국문명을 핵심으로 한 東아시아 전체의 문명으로 통합
확산되어나가는 과정이었다.6)

■ **정복전쟁을 통한 문명전환의 결과 ; 주변민족의 중국화**
　　중국의 거대화

그런데 여기서 우리가 유의하게 되는 것은, 중국과 북방민족의
정치적 군사적 상호 정복전쟁은, 그 결과가 혹은 중국이 승자가
되기도 하고 혹은 주변 종족이나 민족들이 승자가 되기도 하였지
만, 그러나 이를 문명사의 관점에서 보면, 그 전쟁의 결과는 어느
경우나 중국문명이 승자가 되고 있었다는 점이다.

이는 고도한 문명과 저급한 문명의 경쟁은, 고도한 문명이 승자
가 되게 마련이었음을 보여주는 것이라 하겠다. 이같이 해서 북방
민족으로서 문명전환하고 중국화하여 소멸한 주변 종족 민족 국
가는 참으로 많았다. 그것이 싫은 사람 민족들은 멀리 타 지역으
로 이주함으로써, 모두가 성공적인 것은 아니었지만, 본래의 자기

6) 지배선,《중세 동북아사 연구》(일조각, 1986).
　　박한제,《중국중세 호한체제연구》(일조각, 1988).
　　孫進己, 주 1)의 책.

민족 문명으로서 살아남을 수 있었다.[7]

반대로 중국민족은 애초에 한족(漢族), 화하족(華夏族)이 중심이 되어 황하중류의 넓지 않은 공간에서 문명활동을 시작했지만, 지금에 이르러서는, 허다한 이민족을 흡수 융화하고 그 영토를 통합해서, 거대한 중국 중화민족을 형성하기에 이르렀다.[8]

■ 그 밖의 문명전환의 두 경로와 유형 ; 중국문명을 수용하면서 자기 고유문명을 유지 발전시킨 경우

그러나 東아시아 여러 종족 민족 국가의 문명전환이 모두가 그러했던 것은 아니었다. 그 밖에도 그 방법으로는 아주 중요한 두 경로, 두 유형이 더 있었다. 중국 천하체제의 외곽지대에서, 그 문명전환 세계화정책에 적절히 대응함으로써, 東아시아 문명권의 중요한 일원으로 성장한 경우였다.

그 하나는 한국·베트남·일본 등 몇몇 민족 국가와 같이, 중국의 천하체제에 들어가 중국으로부터 그 문명과 유교사상을 받아들여 문명전환을 하면서도, 중국의 팽창주의 동진정책, 남침정책에 끈질기게 저항하고 중국화를 거부함으로써, 그들 자신의 독자적 자

---

7) 신용하, 〈한국민족의 기원과 형성〉《한국민족의 형성과 민족사회학》(지식산업사, 2000). 제10, 11장에서는, 그러한 예로서 외몽골·터키·불가리아·핀란드·헝가리 기타 등등의 나라를 들고 있다.

8) 林惠祥, 《中國民族史》上·下(1936 ; 臺灣, 1978年版).
宋文炳, 草野文男 譯, 《支那民族構成史》(人文閣, 1940).
孫進己, 주 1)의 책.
中國地圖出版社 編制, 《中華人民共和國地圖集》(中國地圖出版社, 1996).

주적인 국가와 고유문명을 유지한 경우이다. 외몽골과 같이 국제
관계의 특별한 사정으로 살아남는 경우도 있었다.

그런 가운데서도 한국과 베트남은 중국을 정복하지 않았으면서
도, 중국의 거듭되는 침략을 받아 크나큰 희생을 치른 뒤에야, 중
국의 천하체제 안에서 자주국가 고유문명을 유지할 수 있었다.[9]

다른 하나는 東아시아 역사의 여명기에는, 중국문명의 중심부
에서 천하통일을 위한 전쟁, 그리고 주변부에 대한 진·한(秦·漢)제
국의 천하체제 확립을 위한 침략 정복전쟁 팽창주의 정책으로 말
미암아, 중국이나 고조선 지역의 선진문명을 경험한 사람들이, 전
란을 피해 그곳에서 거리가 먼 주변부의 안전한 후진지역으로 이
주하는 경우가 많았다.[10]

----

9) 고병익, 〈월남사에 있어서의 유교문화〉《아시아의 역사상》(서울대학교 출
    판부, 1969).
   민두기, 〈월남근대사의 험난한 전개 —남진발전과 대중·대불항쟁—〉《월간
    중앙》(1973. 2) ;《중국근대사론》(지식산업사, 1976).
   유인선, 〈중월관계와 조공제도 —가상과 실상〉 주 4)의 《중국의 천하사상》
    에 수록.
   한국에 관해서는 다음 편에서 상론된다.
10) 김상기, 〈한·예·맥 이동고〉《사해》(1948 창간호) ;《동방사논총》(서울대
    학교 출판부, 1974).
   서의식, 〈한국 고대국가의 이중용립(二重聳立) 구조와 그 전개〉《역사교육》
    98(2006).
   《삼국사기》 권1, 신라본기.
    始祖 … 先是 朝鮮遺民 分居山谷之間爲六村 一曰閼川楊山村 二曰突山高墟
    村 三曰觜山珍支村(或云干珍村) 四曰茂山大樹村 五曰金山加利村 六曰明活
    山高耶村 是爲辰韓六部 高墟村長蘇伐公 望楊山麓 蘿井傍林間 … 只有大卵

그리고 그 뒤에는 한반도의 전란을 피해서, 바다를 건너 일본으로 파상적으로 유망 이동하는 이른바 크고 작은 민족이동이 여러 차례 있었는데, 후진지역의 문명전환 세계화는 이를 통해서도 대대적으로 전개되었다. 일본사(日本史)에서 국가건설에 참여하고, 귀화인(歸化人)·도래인(渡來人)·이주민(移住民) 등으로 표현된 인구 이동은, 이 같은 의미를 지니는 것이었다.11)

剖之 有嬰兒出焉 … 六部人 以其生神異 推尊之 至是立爲君焉 辰人謂 … 居西干 辰言王(或云呼貴人之稱).

11) 김석형, 원제《초기조일관계연구》(1966) ; 朝鮮史研究會 譯,《古代朝日關係史 −大和政權と任那−》(勁草書房, 1969).

전해종,〈동양고대사에 있어서의 歸化의 의의〉《백산학보》13(1972) ;《동아문화의 비교사적 연구》(일조각, 1976).

최재석,〈일본원주민의 문화수준과 고대일본의 개척자〉《동양사학연구》30(1989).

藤間生大,〈4·5世紀の 東アジアと日本〉《岩波講座 日本歴史》Ⅰ(岩波書店, 1980).

井上秀雄·上田正昭 編,《日本と朝鮮の二千年》Ⅰ(太平出版社, 1969).

吉田晶 外,《共同研究, 日本と朝鮮の古代史》(三省堂, 1979).

上田正昭,《歸化人》(中央公論社, 1965).

關晃,《歸化人》(至文堂, 日本歷史新書 增補版, 1966).

Ⅲ. 한민족의 고조선문명

■ 한민족 문명 형성의 요람지 요람시기

한민족은 東아시아 여러 알타이어계 북방민족 가운데 한 구성
원이었다. 중국에서는 고대의 한민족을 동이(東夷)라 일컫기도 하
고 구체적으로는 예(濊), 맥(貊·貊), 예맥(濊貊), 조선(朝鮮), 한(韓)
이라 부르기도 하였다. 그 밖에 동호(東胡), 숙신(肅愼)도 이에 포
함되는 것으로 이해하기도 하며, 중국 역사서에 오르지 못한 소집
단들도 많았다. 그러나 이는 중국에서 역사서가 등장하여, 주변
사정을 한자로 기록하기 시작한 이후의 호칭이며, 그 이전의 태곳
적 사정은 알 수 없다. 아마도 그때에는 중국의 호칭과 다른 그들
만의 고유한 호칭이 따로 있었을 것이다.

한민족형성의 기원은 오래여서, 구석기시대 이래로 신석기시대
청동기시대에 걸치면서, 여러 곳에서 북쪽으로는 만주 일원에 집
결하고, 특히 요동지방에서 한반도에 걸쳐 장구한 세월 동안 살아
왔다.[12] 중국이 천하를 통일하기 이전 그 나라 안에 많은 이민족

---

12) 손보기, 〈체질학상으로 본 한국사람의 뿌리〉《국사관논총》 4(국사편찬위
　　원회, 1989).
　　한림과학원 편, 《한국민족의 기원과 형성》 상·하(소화, 1996). 이때의 회
　　의와 이 저서에 참여한 집필진과 그 논제는 다음과 같다.
　　　이선복, 〈동북아시아 구석기 고고학과 민족 기원론〉.
　　　한영희, 〈한민족의 기원〉.
　　　노혁진, 〈청동기시대〉.
　　　박선주, 〈우리 겨레의 뿌리와 형성〉.
　　　조흥윤, 〈한민족의 기원과 샤머니즘〉.
　　　김택규, 〈세시구조의 한문화 복합 —한민족 기층문화의 다원성에 대한
　　　　고찰—〉.

(비중국인)들의 소국이 등장하던 시절에는, 발해만과 황해에 연한 산동반도 주변 지역의 회도(灰陶)문화권, ―산동반도는 점점으로 늘어선 섬들을 징검다리로 요동반도에 이어진다― 즉, 전설적인 치우(蚩尤)·소호(少昊)·순(舜)의 활동 지역에도 일부 동이족, 예맥족이 살며 활동하였던 것으로 이해되고 있으나, 중국이 천하통일을 함으로써 많은 부분이 거기에 흡수되었다.13)

한민족은 그 고유문명과 국가의 기원이 오래였고, 만주 요동지방과 한반도에 걸쳐 고조선(단군조선·전기고조선, 기자조선·후기고조선), 진국, 부여, 위만조선, 고구려, 옥저, 동예 그리고 마한·변한·진한 등의 3한, 신라, 백제, 가야 등의 여러 나라를 건설하고 있었다.

　　　　김열규, 〈한국 신화 원류 탐색을 위한 시베리아 샤머니즘 및 신화〉.
　　　　성백인, 〈한국어 계통연구의 현상과 과제〉.
　　　한창균, 〈민족형성론 ―북한학계의 연구동향을 중심으로―〉《한국사 인식과 역사이론》(지식산업사, 1997).
13) 徐亮之, 〈灰陶文化與東夷〉《中國史前史話》(香港, 1956).
　　文崇一, 〈濊貊民族文化及其史料〉《民族學研究所 集刊》 第5期(臺灣中央研究院, 1958).
　　김상기, 주 10)의 논문.
　　_____, 〈동이와 회이·서융에 대하여〉《동방학지》 1·2(1954·1955) ;《동방사논총》(서울대학교 출판부, 1974).
　　김정배, 〈한민족과 예맥〉《한국민족문화의 기원》(고려대학교 출판부, 1972).
　　권태원, 〈예맥·조선과 그 강역고〉《손보기박사 정년기념 한국사학논총》(지식산업사, 1988).
　　김광수, 〈치우와 맥족〉 위의 책.
　　김연주, 〈고대 동아시아 산동지역의 동이 연구〉, 이화여자대학교 대학원 박사논문(2011).

1. 한민족의 시원문명은 알타이어계
북방민족의 문명

■ 한민족의 시원 문명권

한민족은 언어(알타이어계)·혈통·풍속에서 중국민족〔漢族〕과는 큰 차이가 있었다. 중국을 기준으로 보면, 한민족은 東아시아에서 알타이어계 북방(北方)민족의 한 구성원이었다.14) 중국의 하(夏)·상(商)시기에 해당하는 태곳적 전기고조선 시기까지, 그리고 그 뒤 주(周)나라 시기에 해당하는 후기고조선 시기까지도, 중국 동북부 중국 화하(華夏) 문명권 밖에 자리 잡은 우랄·알타이어계 또는 알타이어계 민족들의 문명권 속에서, 중국문명과는 다른, 한민족의 독자적인 고유 문명권—알타이어계 문명권, 고조선 문명권, 동이족 문화권, 동방 문화권—을 형성하고 발전해왔다.15)

---

14) 芮逸夫, 〈韓國古代民族考略〉《中韓文化論集》Ⅰ(中華文化出版事業委員會, 1955).

　　　김정학, 주 1)의 논문.

　　　권태원, 〈국민의식의 통합과 내실화 —민족문화의 연원을 중심으로〉《하성 이선근 박사 추념논문집》(한국정신문화연구원, 1983).

　　　윤내현, 〈고조선의 건국과 민족의 형성〉《고조선연구》 제1편 제2장(일지사, 1995).

　　　신용하, 주 7)의 논문 참조.

15) 김윤경, 《조선문자 급 어학사》(조선기념도서출판관, 1938).

　　　이기문, 《한국어형성사》(삼성미술문화재단, 1981).

　　　_____, 《국어사개설》(탑출판사, 1991).

　　　김방한, 《한국어의 계통》(민음사, 1983).

성백인, 주 12)의 논문.

최한우, 〈한반도 민족형성에 관한 역사 비교언어학적 조명〉《한국사회사학 회논문집》 47(1995).

신용하, 주 7)의 논문.

권태원, 주 14)의 논문.

이기동, 《한국사강좌》 I 고대편(일조각, 1982).

한영우, 《다시 찾는 우리역사》 전면개정판(경세원, 2006).

알렉세프 아나톨리, 〈한민족 기원과 고대국가 형성과정의 퉁구스 —만주 요소 문제〉《한민족 유목 태반사 연구·복원을 위한 구상》(강원대학교 국제학술회의, 2007).

최한우 교수는 위 글에서 한국어의 어원연구에 관한 연구사를 정리하고, 한민족의 문화를 알타이어계 문화로 규정하기에는, 비교언어학의 측면에서 볼 때 다른 언어요소가 적지 아니 가미되어 있다는 점에서, 아직 해결해야 할 문제가 많은 듯하고, 따라서 한민족의 문화를 알타이어계說 일원론으로 단정하기 어려운 바 있으나, 그래도 그 '고유문화'를 말하기로 한다면 그것은 알타이민족의 문화에서 찾을 수밖에 없다고 말하고 있다.

신용하 교수는 위의 논문에서 다음과 같은 주목할 만한 새로운 견해를 발표하였다. 중국이 진·한 대제국으로 성장하여 東아시아에 천하체제를 확립하게 될 무렵, 따라서 고조선의 해체와 관련하여, 東아시아에서 다른 지역으로 민족이동하여 살고 있는 알타이어계 여러 민족 국가들을 방문 연구하고, 그들 여러 민족의 언어에 공통되는 모어(母語)·조어(祖語)가, 역사적 발전과정을 고려할 때, 알타이어가 아니라 고조선어이었을 것이라고 파악하였으며, 따라서 그들이 고조선과 더불어 東아시아에 살았던 때의 문명권은 알타이어계 문명권이 아니라 '고조선 문명권'으로 보아야 할 것임을 특히 강조하였다.

권태원 교수와 이기동 교수 및 한영우 교수는 그간 학계의 한반도 만주지역 및 중국의 발해만 연안 산동반도 주변 지역 그리고 황해에 연하는 동해안지역에 대한 설화 고고학적인 연구 성과를 종합하여, 한민족 따라서 동이족 고조선의 문명을 중국 '화하 문명권'과 차별성을 지니고, '북방 문화권[北狄]'과도 이미 분화된, '동이(東夷) 문화권' '동이족(東夷族) 문화권' '동방(東方) 문화권'이라고 하였다.

물론 그렇더라도 한민족은 고조선 이래로 타 종족, 타 민족과 결합하여 국가를 건설하기도 하고, 반대로 타 민족에게 부단히 침략당하기도 하였으므로, 그리고 대륙에 전란이 있을 때는 그때마다 그들의 민족이동이 잦았으므로, 그 문명, 그 혈통이 단일할 수만은 없었다. 그 사이에는 타 민족과 문명복합이 이루어질 수 있는 크고 작은 기회가 여러 차례 있었다. 그러므로 한민족이 오늘날의 시점에서 그 고유문명의 단일성만을 강조한다면, 거기에는 논리상의 무리가 있게 됨을 면할 수 없다. 그런 점에서 오늘날의 한민족의 문명을 말하여, 문명 복합적이라고 말하는 견해가 있게 된 것은, 오히려 사실에 가깝고 자연스러운 일이라 하겠다.

그러나 그러면서도 문명의 고유성을 말할 때는, 그러한 여러 문명요소 가운데서도 기본이 되고 주류가 되는 것을 중심으로 말하게 되므로, 복합논의 견해에는 얼른 동의하기 어려움을 말하지 않을 수 없다. 가령 문명의 주류가 100인데, 새로 참여하는 문명이 그 반이라도 되면 이를 복합문명이라고 말할 수 있겠으나, 그 비율이 10 또는 그 이하라면 이를 복합문명이라고 말하기 어렵겠다. 이럴 경우에는 이를 문명의 융합으로서 단서를 달면 되겠다. 더욱이 문명의 발전을 역사적으로 보면, 그것은 수천 년에 걸쳐 발생·

주채혁 교수는 한민족의 원주지 국호 '조선(朝鮮)'의 어원과 관련하여, 알타이어계 민족으로서의 한민족이 순록 떼를 몰고 그 목초지를 찾아 이동하는 데 있었음을, 현지답사를 통해 확인하는 남다른 작업을 하고 있다. 여러 편의 논문을 집필하였으며, 최근에는 〈몽골〉—〈貊高麗〉, 유목형 '고구려' 世界帝國考〉《백산학보》 76(2006)를 발표하였다.

발전·복합하며 전개되는 것이며, 그 사이에 우리 문명은 두 차례의 문명전환도 있었으므로, 현시점의 문명 구성을 문명 초기의 고대국가로까지 소급하여 적용하는 것은 적절해 보이지 않는다.

그런 점에서 한민족의 시원 문명권을 위에 든 바와 같이, 중국의 중화 문명권과 구별이 되는 알타이어계 문명권, 고조선 문명권, 동이족 문화권, 동방 문화권으로 보는 데 무리가 있는 것은 아니라고 하겠다.

■ 알타이어계 민족들의 활동무대

이들 북방(北方)민족으로서의 알타이어계 종족이나 민족들, 이를테면 터키계·몽골계·퉁구스계 민족, 따라서 한민족 고조선계도, 시베리아 동토지대·삼림지대·초원지대를 포함하는, 동쪽 베링 해협 연해주 지역에서 서쪽 스칸디나비아 국경지대에 이르는 북방 아시아 특히 남 시베리아 지역에서, 다른 여러 종족이나 민족들과 더불어 동서를 질주하고 호흡을 같이하며 살아왔다.

이 지역에는 여러 종족 민족이 살고 있는 가운데, 예니세이 강 중상류 알타이산맥과 사얀산맥 사이의 미누신스크를 중심한 알타이지방 평원지대에는, 이 지역을 대표하는 고도한 청동기문화—아파나세보문화(B.C. 3,000년 말~2,000년 초), 안드로노보문화(B.C. 17~16세기), 카라스쿠문화(B.C. 1,200~700년), 타가아루문화(B.C. 6~1세기)—가 발달하고, 이와는 별도로 이보다 동쪽 바이칼 호 주변 지역에는 그라스고보문화(B.C. 1,800~1,300년)가 발달하고 있었다.

그리고 이보다 더 동쪽으로 가면, 몽골 만주 시베리아 동쪽 끝이 되는데, 이 지역에는 남 시베리아 지역의 문화와 다른, 東아시아의 알타이어계 북방민족들의 문명이 일찍부터 발달하고 있었다. 그 핵심이 되는 것은, 몽골 만주지역에 걸치면서 흐르는 요하(遼河)를 중심으로 형성 발전한 '요하문명(遼河文明)—홍산문화, 하가점 하층문화, 하가점 상층문화, 초기철기문화—'이었다.

'요하문명'은, 후술하는 바와 같이 근년에 알려지게 되었는데, 그 형성이 B.C. 6,200~5,000년 또는 6,000~5,500년경의 홍륭와(興隆窪)문화의 홍륭구(興隆溝)유적, 지금도 발굴이 끝나지 않은 B.C. 5,000년경 요동지역 심양부근의 신락(新樂)유적에서부터 시작된다. 이들 요하문명에서는 청동기문명은 말할 것도 없고, 조·기장 등의 농경문화도 이미 시작되고, 이어서는 점진적으로 콩·수수의 재배도 발달하고 있었다.

북방민족의 문명 활동은 이에서 그치지 않았다. 몽골 전역이 그들의 활동무대이었음은 말할 것도 없는 가운데, 특히 요하문명지역에서 멀지 않은, 남서쪽 바닷가 중국의 동변 평주(平州)지역 난하(灤河)유역에는, 고조선계의 고죽국(孤竹國)집단이 일찍부터 이곳에 정착하여 발달하고 있어서, 산동반도 요동반도를 거치는 유통로와 함께, 중국과의 문물교류 중계역할이 활발하였다. 그리고 요하문명지역의 서남쪽 수원(綏遠·후후호토)지구는 동서 교통의 거점지역으로서, 청동기문명이 발달하고 있었다.

고조선은 중국과 북방민족들의 문명활동이 화려하게 전개되는 한가운데 있었다. 그들은 문명교류도 하고 충돌도 하며 살아가고 있었다.16)

■ 알타이어계 문명의 특징

그들 북방민족 알타이어계 문명의 특징은, ① 여러 종족이나 민족들이, 일찍이 부족사회 부족집단을 이루고 있는 가운데, 각자

---

16) 김정학, 〈한국민족형성사〉 제2편 한국민족의 성립, 《한국문화사대계》 I
　　민족·국가사(고려대학교 민족문화연구소, 1964).
　　_____, 《한국상고사연구》(범우사, 1990).
　　孫進己, 《東北民族源流》(黑龍江人民出版社, 1987).
　　_____, 임동석 역, 《東北民族源流》(동문선, 1992).
　　복기대, 《요서지역의 청동기시대 문화연구》(백산자료원, 2002).
　　김영희, 〈新樂유적에 대하여〉《한국선사고고학보》 4(1997).
　　안승모, 《東아시아 先史時代의 農耕과 生業》(학연문화사, 1998).
　　김정배, 《고조선에 대한 새로운 해석》(고려대학교 민족문화연구원, 2002).
　　짜오빈푸(趙賓福), 〈요서지역의 문명기원과 교류〉《동북아시아의 문명기원과 교류》(단국대 동양학연구원, 2011).
　　하문식, 주 23)의 논문, 동상논문집.
　　미야모도 가즈오, 주 24)의 논문, 동상논문집.
　　카자노프, 김호동 역, 《유목사회의 구조》(지식산업사, 1990).
　　르네 그루쎄, 김호동·유원수·정재훈 역, 《유라시아 유목제국사》(사계절, 1998).
　　アレクセイ·オクラードニコフ, 加藤九祚·加藤晉平 譯, 《シベリアの古代文化 —アジア文化の一源流》(講談社, 1974).
　　梅原末治, 《古代北方系文物の研究》(원판 1938, 復刻版 1971, 新時代社).
　　江上波夫, 《ユウラシア北方文化の研究》(山川出版社, 1951).
　　角田文衛, 《增補 古代北方文化の研究》(新時代社, 1971).
　　加藤九祚, 〈シベリア〉《アジア歷史事典》 4(平凡社, 1971).
　　_____, 《北東アジア民族學史の研究》(恒文社, 1986).
　　김광수, 주 13)의 〈치우와 맥족〉 참조.
　　신용하, 〈고죽국의 성립과 고조선 후국의 지위〉《고조선단군학》 28, 2013.
　　李澍田 주편 衣保中 저, 《중국동북농업사》, 길림문사출판사, 1993.
　　김용섭, 주 19)의 논문.

알타이어계 언어체계를 정착시키고 있었다. ② 경제생활이 수렵·채집생활에서 농경·목축 유목생활로 전환하는 가운데 북방 아시아 지역을 동서로 질주하며 살아왔다. ③ 그렇지만 궁극적으로는 정착 농경생활을 성취하기 위하여, 즉 東아시아 지역에서 입지조건이 좋은 땅을 얻기 위하여, 끊임없이 노력하고(북방민족 상호간 또는 중국에 대한 정복전쟁) 있었다. ④ 중국문명과 계통을 달리 하는 청동기문명(비파형동검)을 개발 발전시키고 있었다. 그리고 ⑤ 다른 북방 아시아의 종족이나 민족들과 함께, 그들만의 토착종교인 강렬한 샤먼교(敎)를 믿는 가운데 하늘(天·天神)신앙을 발전시키고 있었다는 점 등등을 들 수 있겠다.

그런 가운데, ⑥ 한민족은 아마도 가장 일찍이, 만주, 요서·요동, 한반도 지역 그리고 산동반도 주변 연해안 지역에 정착하여, 농경생활을 하였다.

■ 알타이어계 민족들 샤먼교를 믿고 하늘을 숭배

북방아시아계, 알타이어계 여러 종족 민족들의 신앙생활은 다분히 다신교적이었으며, 단순히 개인 차원의 종교적 신앙생활이 아니라, 그 종족이나 민족 국가의 정치사상과도 연결되는 집단적 종교사상으로서의 신앙활동이었다. 그들은 여러 애니미즘·토테미즘 그리고 그 종합으로서의 샤먼교(敎)를 믿는 가운데, 부족이나 종족에 따라서는 특히 하늘(天·天神) 해(日·太陽)를 숭배하는 선민의식을 갖기도 하였다. 그 샤먼교에서 하늘(天 Tengri)·천신(天神)은 유일 절대한 지고신(至高神)이었다. 퉁구스족은 이 천신(天神)

을 부가(Buga)라고 일컬었으며 널리 믿었다.

그러므로 천·천신(天·天神)은 신성했으며, 따라서 국가를 건설한 종족이나 민족들은 그들이 천명(天命)에 따라 국가를 건설했다고 말하고, 그 가한(可汗)들은 자신을 천명을 받은 천자(天子)라고했다. 그들은 그것을 텡그리 쿠투(Tängri Qutu—흉노제국)라든가, 하늘과 같고 하늘에서 태어난 빌개카간(Tängri täg tängridä bolmish Bilgä Qaghan—튀르크비문), 그리고 텡그리카간(Tängri Qaghan—위그르국)이라고 하였으며, 사해(四海)를 지배하는 보편군주[天子]의 뜻을 갖는 칭기스한(Chinggis Qan—몽골)이라고 일컬었다.17)

한민족의 고조선의 개국신화, 즉 단군신화와 그 뒤 여러 나라의 건국신화도, 천명(天命)으로 개국했다고 말하는 점에서, 그 본질이

---

17) 김호동, ① 〈고대유목국가의 구조〉《강좌 중국사》Ⅱ (지식산업사, 1989), 279.
 _____, ② 〈몽고제국의 형성과 전개〉《강좌 중국사》Ⅲ (지식산업사, 1989), 268~269.
 _____, ③ 〈北아시아 유목국가의 군주권〉《동아사상의 왕권》(동양사학회, 1993).
 김열규, 《동북아시아 샤마니즘과 신화론》(아카넷, 2003).
 Joseph Needham and Wang Ling, *Science and Civilisation in China*(England, 1956).
 吉川忠夫 外 3人, 《中國の科學と文明》 第2卷, 164(思索社, 1981).
 M. A. 챠프리카, 이필영 역, 《시베리아의 샤마니즘》(탐구신서, 1984).
 S. M. Shirokogoroff, 川久保悌郎·田中克己 譯, 《北方ツングースの社會構成》(岩波書店, 1941), 405~407, 559, 605.
 大林太良, 《東アジアの王權神話》(1984).
 _____, 〈朝鮮の檀君神話とツングースの熊祖神話〉.

북방아시아계, 알타이어계 여러 민족의 천(天)숭배사상, 천(天)신
앙과 같았다.[18]

■ 알타이어계 민족들의 경제생활 이질화

그러나 그러면서도 역사가 발전하고 사회가 발전함에 따라, 그
리고 농경문화가 발전함으로써, 알타이어계 북방민족들의 경제생
활에는 커다란 변화가 발생하게 되었다. 그들은 크게 ① 목축·유
목민생활 ② 반농 반목·수렵·어로생활 ③ 정착농경생활 등으로
분류될 수 있어서, 종족이나 민족의 경제생활 사이에 이질화 현상
이 생기고, 따라서 그들 사이에는 경제적으로 부력의 차이가 발생
하게 되었다. 그뿐만 아니라 문명의 발전 정도에도 차츰 격차가
벌어지게 되었다.

---

18) 손진태, 〈광명에 대한 신앙과 태양숭배의 한 기인〉《조선민족문화의 연
　　구》(을유문화사, 1948).
　　최남선, 〈단군고기 전석〉《사상계》(1954. 2) ; 《단군신화 연구》(온누리,
　　1986). 주 97)의 삼국유사 해제 참조.
　　김태곤, 〈무속상으로 본 단군신화〉《사학연구》 20(1968) ; 《단군신화 연
　　구》(온누리, 1986).
　　유동식, 《한국무교의 역사와 구조》(연세대학교 출판부, 1975).
　　이필영, 〈단군신화의 기본구조 ―천신신앙을 중심으로―〉《백산학보》 25
　　(1981).
　　＿＿＿, 《샤마니즘의 종교사상》(한남대학교 출판부, 1991).
　　이은봉, 〈단군신화를 통해 본 천신의 구조〉《단군신화 연구》(온누리,
　　1986).
　　이두현, 〈건국시조신화와 무조신화연구〉《학술원논문집》 46(대한민국학
　　술원, 2007).
　　김열규, 주 17)의 책.

같은 알타이어계 민족이면서도, 다른 종족이나 민족들이 ①의 생활을 하며 동서간에 상로를 개척하고 선진문물을 중계무역 하거나 ②의 생활을 하는 것이 중심이었을 때, 한민족은 일찍부터 농경문화를 개척하고 농경지대에 정착하여 살게 되면서, 점진적으로 ③의 정착농경생활을 하였으며, 일부 지역 일부 사람들은 ②의 경제생활을 영위하였다.

그러므로 고대의 한민족은, 문명의 발생 발전단계에서는 고대 수렵·목축·유목민족과 많은 점에서 친연성을 지니고 있었지만, 경제생활이 점진적으로 농경문화로 전환 정착함에 따라서는, 차츰 그들에게서 이탈하여 중국문명에 더 근접하는 경향을 보이게 되었다.

앞에 든(주16과 17) 르네 그루쎄, 카자노프, 江上波夫, 角田文衛, 加藤九祚, アレクセイ·オクラードニコフ의 연구, 김호동, 大林太良의 연구들은, 모두가 한민족의 문화에 관하여 구체적으로 언급한 것이 아니지만, 중국을 중심으로 하는 고대 東아시아 세계의 구도 및 고조선문명을 북방 아시아의 문명과 관련하여 이해하는데 도움이 된다.

■ 고대 한민족의 농경문화 발전

한민족의 이 같은 농경문화는, 만주 고조선지역에서는 요하문명(遼河文明)에서 시작되는 농경문화의 발생 발전과 더불어, 그 일환으로서 시작되고 발전하였다. 처음에는 원시 씨족사회의 농업공동체를 통해서, 그리고 이어서는 부족사회 부족국가의 농촌공동체를 통해서 농업을 개발 발전시켰다. 농업생산이 발전하고, 잉여가 발생하며, 농지의 사적소유가 확대되었다. 신분 계급이 형성되고, 갈등구조가 심화되었으며, 이를 해결하기 위하여 정치권력이 발생하였다. 국가가 건설될 수 있는 기반이 마련되었다. 선사시대에서 고대사회로 넘어가는 전환기의 사회변동이었다.

신석기시대 말기 고대사회 초기의 이러한 사회변동 사회발전을 상징적으로 잘 보여주는 것은, 선사시대에서 고대사회로 넘어가는 전환기에, 농경문화를 발전시켜온 부족사회의 민들이, 그들의 마을 가까운 산언덕에 건설한 웅장한 조형물 고인돌무덤 지석묘이겠다.

이는 농경문화의 개발발전을 통해 황무지에 신시대를 개척하고, 국가를 건설케까지 한, 크고 작은 그들의 농업지도자 농업영웅들의 죽음을 애도하고, 그 영혼과 하늘에 제사를 지내던 무덤이고 제단이었다. 그러한 점에서 고인돌무덤 지석묘는 이 전환기를 상징하는 기념물이 되겠다.[19]

---

19) 박희현, <한국의 고인돌문화에 대한 한 고찰 ─그 상한 연대를 중심으로─>《한국사연구》 46, 1984.
　　하문식, 《동북아시아 고인돌문화의 연구》(숭실대 박사학위논문, 1997).
　　____, 《고조선 지역의 고인돌 연구》(백산자료원, 1999).
　　____, 〈요동지역의 문명기원과 교류〉《동북아시아의 문명 기원과 교류》, (단국대학교 동양학연구원. 2011).
　　최몽룡 김선우 편, 《한국 지석묘 연구 이론과 방법 ─계급사회의 발생─》, (주류성, 2000).
　　최몽룡 김경택, 〈한국 지석묘사회 연구의 이론적 배경-계급사회의 발생

2. 전기고조선 · 단군조선의 개국 사정

■ 문명의 발달과 국가의 건설

문명의 발달은, 구석기시대에서 신석기시대 청동기시대를 거치면서, 원시인들의 정치·경제·사회·사상·과학·산업 등에 관한 의식 수준이 높아지고, 특히 농경문화가 발달하면, 국가를 건설하게 마련이다. 한민족의 문명은 언제 그와 같은 국가를 건설하였을까?

그것은 위에 지적한 바와 같이, 특히 농경문화가 발전하는 가운데, 사회가 분화되고 신분계급이 형성되며 권력이 발생함으로써 성립케 되었다. 기원전 수천 년 전으로까지 소급한다. 《삼국유사(三國遺事)》가 지적하는바 고조선, 즉 전기고조선·단군(壇君·檀君)조선의 건국이 그 시초가 되겠다. 지금으로서는 국가의 건설을 이보다 앞서는 것으로 말하는 기록은 없다.

■ 《위서》《고기》의 개국신화

전기고조선·단군조선의 시기는, 《삼국유사》에 수록된 《위서(魏書)》《고기(古記)》에서 한민족의 개국(開國)사정 개국시조(開國

및 성장을 중심으로).

이성주, 〈지석묘 : 농경사회의 기념물〉.

유태용, 〈지석묘의 축조와 엘리트 계층의 등장에 대한 이론적 검토〉.

송호정, 〈지석묘 사회와 고조선〉.

사회과학원 석광중, 《조선의 고인돌무덤 연구》 중심, 2002.

김용섭, 〈고대의 농경문화와 고조선의 성립 발전〉《요하·홍산 답사기행—
　　요하문명과 고조선》, 지식산업사, 2015.

始祖)에 관한 신이(神異)한 일들을, 전설처럼 신화처럼 신이하게 기록하고 있는 시대였다.

《위서》는 만주에서 고조선과 이웃해서 살았던 선비족(鮮卑族)이, 중국을 정복하고 지배하던 위(魏·北魏)나라 때, 고조선 사정에 정통한 인물이 편찬하였던 사서로 보이고, 《고기》는 고려 인종(仁宗)이 문명전환의 한가운데 서서, 이를 보고 무졸(蕪拙)하다고 평하였던 바로 그 책으로 보인다(주 99 참조). 일연은 이 자료들의 무졸한 기술·주까지도 그대로 수록하면서, 거기에다 앞뒤에 보충설명 보충자료를 부기함으로써, 그 논지의 체계를 역사적 사실로서 바로 세우고자 하였던 것으로 보인다. 예컨대 〈고조선〉 조항에 서(叙―해설)를 기술하기도 하고, 〈삼국유사 왕력〉에 고구려 시조 동명(東明)왕을 단군의 후손이라고 기술하였음은 그것이다.

《고기》의 내용은 구체적이며, 다음과 같이 ① 천강(天降)·천왕(天王)신화 ② 신혼(神婚) 단군신화 ③ 기자 봉조선설 등 세 부분으로 구성되어 있다. 그 요점은 아래와 같다.

① 천강(天降)·천왕(天王)신화는, 옛날에 하늘〔天〕에는 환인(桓因·帝釋)이 있고, 그 아들들인 서자(庶子)와 환웅(桓雄)이 있었다. 그들은 인간세상에 내려가 구세(치세)하기를 거듭 희망하였다. 그 아버지 환인은 그것을 허락하고, 환웅은 무리 3천 인을 거느리고 태백산(太白山) 신단수(神壇樹) 아래로 내려왔다. 이곳을 신시(神市)라고 하며, 그를 환웅천왕(桓雄天王)이라고 하였다. 그는 풍백(風伯)·우사(雨師)·운사

(雲師)들을 거느리고 천왕(天王 ─중국 天子에 해당하는 텡그리 가한)으로 서 인간세상의 농경[主穀], 국가 명·령[主命], 질병[主病], 형벌[主刑], 선악[主善惡] 등 세상만사 360여 가지를 모두 주관하고 다스렸다.

② 신혼(神婚) 단군신화는, 그곳에는 곰[熊]과 범[虎]이 살고 있었는 데, 그들이 인간이 되고자 함에, 환웅은 그들에게 쑥과 마늘을 주어 서 먹게 하고, 햇빛을 보지 않고 백일 동안 기도하도록 처방을 주 었다. 곰은 37일을 잘 견디고 근신[忌]하였으므로 사람·웅녀(熊女) 가 되었고, 범은 사람으로 되지 못하였다. 환웅(신)이 잠시 인간으 로 화하여, 웅녀와 혼인하여 아들을 낳으니, 단군왕검(壇君王儉)이 라 하였다. 중국의 연대로 치면 당고(唐高·堯) 즉위 50년 경인(庚寅) 에(단, 唐高의 즉위 원년은 戊辰임으로, 그 50년이면 丁巳라고 하여, 干支계 산에 착오가 있음을 지적한다), 평양성(平壤城)에 도읍을 정하였고, 비 로소 나라이름을 조선(朝鮮)이라고 하였다. 그 후 도읍을 백악산아 사달(白岳山阿斯達)로 옮겼다. 1,500년간 나라를 다스렸다.

③ 기자 봉조선설은, 중국에서 상(商)나라를 정복한 주(周)나라 호왕 (虎王·武王)이 상나라의 기자(箕子)를 그의 제후(諸侯)로 삼아 조선 에 보내옴에, 단군은 장당경(藏唐京)으로 옮겼다가, 은퇴하여 산신 (山神)이 되었다.[20]

---

20) 최남선, 신정《삼국유사》권1, 기이 제2 고조선, (민중서관, 1958, 초판 은 1946).
  김상현, 〈"고기"의 사학사적 검토〉《한국고대사학회 제125회 정기학술회의 발표 자료집》(2012. 4. 14).
  이강래, 〈'고기'와 "고기": 김상현, "고기"의 사학사적 검토를 읽고〉, 동상서.

고조선의 단군신화에 관해서는 많은 연구가 있으므로, 여기서
그 신화를 다시 더 부연 설명할 필요는 없겠다.

■ 개국의 주체는 별로 상징화된 부족집단들

다만 여기서는 이 글의 주제와 관련하여, 《삼국유사》의 찬자, 더 정확
하게는 그 이전의 《고기》의 찬자는 현실 역사로서의 고조선의 개국 사정
을, 신들의 이야기라고 하기보다는 하늘·천(天)의 별[日月星辰]들의 구도
로서 설명하고 있는데, 우리는 이에 관하여 각별히 유의해야 할 것으로
생각된다.

하늘·천(天)을 숭배하고 신앙하는 인간세상의 여러 부족집단들이, 자
기 부족집단을 하늘의 별자리[日月星辰-天帝의 자식들] 이름으로 이름을 삼
거나 상징화하는 것은 아주 자연스러운 일로 생각되기 때문이다. 더욱이
고조선의 개국 사정이, 문자로 기록한 역사서(歷史書)가 없는 가운데, 하
늘의 별자리로서 구전되고 설명되어 왔다면, 후대의 역사가들도 고조선

이 신화에 대한 연구사적 정리는, 주 18) 이은봉 편 《단군신화 연구》
자체와 거기 수록된 이재걸 교수의 〈단군신화 연구의 현황과 문제점 ―역
사학적 연구를 중심으로―〉가 참고하기에 편하다. 아울러 이 신화는 후세
의 여러 지역에 많은 흔적을 남겼는데, 박성수 교수는 이를 《단군문화 기
행 ―백두대간에서 일본열도까지》(석필, 2009)로 조사 정리하는 남다른
수고를 하였다.

단군신화의 연구를 위해서는 북방 아시아 여러 민족의 원시종교 샤먼
敎에 대한 이해가 필요하다. 이에 관해서는 주 18)의 여러 논문을 참조하
기 바란다. 그 가운데서도 이필영 교수의 《샤머니즘의 종교사상》에서는,
샤머니즘이 사회적 역사적 발전과정에 따라 형성·발전·변동하는 데 대한,
아니시모프(A. F. Anisimov) 등 여러 학자들의 이론을 소개하고 있는 바,
이러한 논리는 역사학에서의 관심과도 같아서 특히 주목하게 된다.

의 개국 사정을 그렇게 설명하는 것이 가장 정확했을 것이다.

그러므로 우리의 고찰도 이 신화 속의 별자리〔星座〕들의 성격을, 우리가 가까이 볼 수 있는 《천문유초(天文類抄)》를 비롯한 중국의 여러 천문서(天文書) 및 그에 대한 연구(주 5, 21의 여러 학자들의 관련 연구)와 중국과학사 연구(여기서는 주로 Joseph Needham의 주 21의 책을 참고하였다), 그리고 사전적 지식으로나마(여기서는 주로 《中文大辭典》 제1차 수정보급판, 중화민국 71년, 6판을 이용하였다), 파악하는 데서부터 출발하는 것이 필요하리라 생각된다.

그런 가운데 우리는 단군신화가 역사적으로는 어떤 사회집단, 어떤 발전단계, 어떤 사회성격과 관련되는 것인지, 그 핵심을 파악할 수 있을 것이다. 단군신화의 별자리에 대해서는, 극히 일부 서자(庶子)별에 관해서이지만, 故 이 옥 교수가 그의 연구에서 이미 문제를 제기한 바 있었다(주 21의 논문).

요컨대 단군신화는 하늘·천(天)을 숭배하고 신앙하는 인간세상의 부족집단들이, 자기 부족집단을 하늘의 별자리〔日月星辰-天帝의 자식들〕 이름으로 이름을 삼거나 상징화하고 있으면서, 천제(天帝)의 명(命)에 따라 그 별 이름으로써 고조선(古朝鮮)을 건국하는 사정을 기술한 것이었다. 그러므로 신화 속의 하늘에서의 대화는, 천제(天帝)와 인간들의 직접 대화가 아니라, 천제(天帝)와 그 자식 별자리들〔日月星辰〕의 대화로 되고, 따라서 천제와 인간과는 그 상징별을 매개로 간접으로 통하게 되어 있는 것이다.

이들 별 이름으로 상징화된 부족집단들의 활동무대는 東아시아

의 북부 만주 일원과 한반도 북부였다. 그러므로 그들이 자신들의
부족집단 이름을 그 부족집단을 덮은 하늘·천의 별자리〔日月星辰〕
로서 상징화하고 표현하는 것은 자연스러운 일이었다. 그러나 고
조선의 건국계획에 모든 별 이름으로 상징화된 부족집단들이 참
여하는 것은 아니었다. 처음에는 북극성(北極星) 특히 서자(庶子)
별을 상징별로 삼고 있는 부족집단, 해〔日〕를 상징별로 삼고 있는
부족집단, 그 밖의 몇몇 부족집단이 중심이 되고 있었다.

이와는 별도로, 북쪽 하늘의 중천에 떠있는 북두칠성(北斗七星)별
을 상징별로 삼고 만주 한복판의 대지 위에 살고 있는 부족집단들은,
그 자체가 하나의 국가를 이룬 ─진국(辰國)─대정치세력이었는데,
천제(天帝)의 명에 따라, 서자(庶子·北極星·北辰)별을 상징별로 삼고
있는 부족집단 휘하에서, 고조선의 핵심적 일원이 되고 있었다. 북두
칠성(北斗七星)은 천제가 하늘의 질서〔七政〕를 바로잡기 위해 포정(布
政)을 하는 중요한 곳이기 때문이었다.

여기서 우리가 특히 유의하게 되는 것은, 이 하늘에는 이들 별
외에도, 무수히 많은 다른 별들도 떠 있었다는 점이다. 이 별들은
하늘의 구도와 인간의 사회집단을 연관시켜 살피려는 이 글의 관
점에서 보면, 아마도 고조선계의 종족이나 민족과는 그 계통을 달
리하는, 타 종족이나 민족의 부족집단들과 관련되었을 것으로 생
각된다. 이는 고조선을 건설하는 주도적 부족집단(서자족, 환웅족)
들이, 만주의 넓은 대지 위 몇몇 곳에 정착해 있으면서, 그들 집단
의 사이사이 또는 주변에 타 종족이나 민족이 정주하고 있더라도

이에 개의치 않고, 멀리 떨어져 있는 동족끼리 원격 연락하고 결속해서 국가를 건설하고 있음이었다고 하겠다.

■ 하늘·천의 별들의 구도

먼저 우리는 신화 속의 하늘·천(天)의 별들의 구도가 어떠한 것이었는지부터 살피는 것이 좋겠다. 고조선사람들은 그들의 하늘 신앙과도 관련, 하늘에 떠 있는 별자리, 특히 자미궁(紫微宮) 주위의 별자리들을 정확히 파악하고, 이를 그들 부족집단의 고인돌무덤·지석묘의 덮개석에 크고 작은 종지 모양의 구멍[穴]으로 새겨 넣고도 있었다(주 21의 김동일 교수 논문 참조).

그런데 하늘에는 이같이 수없이 많은 별[星]들이 떠 있었지만, 이 신화에서는 지극히 제한된 별, 따라서 고조선의 개국(開國) 사정에 직접 관계되는 최소한의 별, 그러나 그것이 전부일 수도 있는 별만을 언급하고 있었다.

즉, 하늘에는 환인(桓因)이 있었는데, 그는 유일무이의 지존인 천제(天帝·하느님)로서, 북극성(北極星)을 중추로 하는 자미궁(紫微宮)에 거처하며 ―대웅좌(大熊座) 별무리 속 북두칠성(北斗七星)의 동북쪽―하늘의 만사를 주재하였다. 그 휘하에 다음과 같은 별들이 있어서 고조선을 건설하고 있었다.

① 환웅(桓雄)별은 해·日·太陽으로서 恒星의 하나이다. 천제·하느님의 아들로서 태양계에서 가장 크고 강성한 힘을 가진 별이다. 그와 웅녀(熊女)와의 사이에서 태어난 아들 단군왕검(壇君王儉)도 해[日]였다.

② 서자(庶子)별은 북극성(北極星), 즉, 북극오성(北極五星) 가운데 제3

성이었는데, 이 북극성(北極星·北辰·辰)은 자미궁(紫微宮) 별무리 속의 으뜸가는 별로서, 천체 운영에서 축이 되는 별자리〔星座〕였다. 이들 북극오성은 각각 주관하는 임무가 있었는데(太子 主月, 帝王 主日, 庶子 主五行, 后宮, 天樞), 그 가운데에서도 서자(庶子 ; 后妃의 子息)별의 임무는 오행(五行)을 주관하는 일이었다. 오행(五行)은 사전적 지식에 따르면, 금목수화토(金木水火土)로서 천지 사이에 기(氣)를 소통시키는 일종의 원소였으나, 인간의 생활과 관련해서는 인간을 양육하기 위한 것, 즉 수화(水火)는 백성의 음식(飮食)을, 금목(金木)은 백성의 흥작(興作)을, 토(土)는 만물(萬物)의 자생(資生)을 해결토록 하는 것이었다〔書傳云〕. 말하자면 고대 중국천문학의 북극성(北極星) 가운데서도 서자(庶子)별은, 인간사회의 의식주(衣食住)문제와 산업(産業)을 주관하고 해결하는 것이, 그 임무이었다. 이 같은 문제는 북극성 전체의 임무이었겠으나, 서자(庶子)별은 북극성을 대표해서, 이 업무를 분담 수행하고 있는 것이었다.

③ 풍백(風伯)별은 기백(箕伯)으로서 동방의 기성(箕星)을 말함이었고, 우사(雨師)·운사(雲師)별은 서방의 필성(畢星)에 속하는 별이었다. 그리고 곰〔熊〕은 여러 가지 사정으로 보아, 환웅(桓雄)이 신혼(神婚)을 치르게 될, 따라서 그곳 정치집단의 우두머리가 될 곳, 즉 동방의 별 웅성(熊星)으로 보아야 하겠다. 웅성(熊星)은 방성(房星·房宿·房四星)으로, 고대 천문학에서는 천자(天子)가 포정(布政)하는 궁(宮)이었다. 호(虎)는 서방의 백호(白虎)로서 사신(四神) 가운데 하나였다.

④ 끝으로 중요한 존재로 등장하는 것은 환웅과 신혼한 웅녀(熊女)인

데, 그녀는 아마도 처음에는 웅성(熊星) 별자리의 반달곰 공주이었을 것이나, 환웅과 신혼함으로서 만월[滿月]달로 승격하였을 것이다. 물론 황후(皇后)의 선발이 이 웅성(熊星)에만 한하는 것은 아니었을 것이며, 정국의 원활한 운영을 위해서, 그 뒤 단군정권에서는 하늘의 동서남북에 위치한 여러 별로 상징화한 부족집단의 공주들 가운데서 선발하는 경우가 더 많았을 것이다.

《삼국유사》의 단군신화에 언급된 하늘의 별자리들의 구도는 대략 이상과 같았다. 단군조선 건국시기의 이러한 하늘의 구도는, 그 후손인 고구려인의 고분벽화에 별들의 그림으로 잘 반영되어 있다. 고조선의 후손임을 자처하는 고구려 대왕 귀족들의 한 고분에는, 천장 고임돌 벽면의 사신도(四神圖)와 함께, 천장에는 삼원(三垣) 이십팔수(二十八宿) 별자리 가운데 자미궁(紫微宮) 중의 북극성(北極星·北極五星)과 그 보성(輔星, 다만 여기서는 한 개만을 그리고 있다)의 그림, 기성(箕星)·방성(房星)·필성(畢星)의 그림, 하늘의 중천에 떠 있는 북두칠성(北斗七星)의 그림, 그리고 해[日]와 달[月]의 그림을 그려 넣고 있었다.

이는 그 대왕 귀족이 사후에 선조의 하늘나라(고향·선영)로 돌아가고자 함이었고, 그들이 선조 이래의 하늘·천(天)신앙을 지켜오고 있었음을 반영하는 것이었으며, 그 선조의 개국 사정을 별자리로 기술한 하나의 역사서술이었다고 하겠다(권두 화보 〈장천 1호분 천장 별 그림〉 참조).21)

21) 한창균, ① 〈고조선의 성립배경과 발전단계 시론 —고고학 발굴 자료와
연구 성과를 중심으로〉《국사관논총》 33(국사편찬위원회, 1992).

Joseph Needham and Wang Ling 주 33)의 《中國の科學と文明》 第5卷,
69~71, 第24表 참조.

이 옥, 〈단군신화에 나타나는 몇 가지 의문점〉《동방학지》 54·55·56(1987)
; 《이옥 교수 논문집》(서울, 2003).

임세권, 〈고분벽화에 나타난 28수〉《최영희선생 화갑논총》(1987).

전호태, 〈고구려 고분벽화의 해와 달〉《미술자료》 50(1992).

_____, 〈고구려의 오행(五行)신앙과 사신도(四神圖)〉《국사관논총》 48
(국사편찬위원회, 1993).

_____, 《고구려 고분벽화 연구》(사계절, 2000).

조선기술발전사편찬위원회, 《조선기술발전사》 1 원시·고대편, 제9장, 〈제2
절 고조선시기의 고인돌 별그림(천문도)〉(과학백과사전종합출판사,
1996 ; 백산자료원).

김동일, 〈별자리가 새겨진 고인돌무덤에 대하여〉《조선고고연구》 1996년
제3호.

_____, 〈증산군 룡동리 10호 고인돌무덤의 별자리에 대하여〉《조선고고연
구》 1997년 제3호.

김동일·전문건, 〈고인돌무덤에 새겨져있는 별자리의 천문학적년대추정에
대하여〉《조선고고연구》 1999년 제4호.

한창균, ② 〈최근 북한의 청동기시대 연구 동향〉《한국상고사학보》 30, II,
무덤(1999).

김일권, ① 〈고구려 고분벽화의 별자리그림 고정〉《백산학보》 47(1998).

김일권, ② 〈고대 중국과 한국의 천문사상 연구 —한당대 제천의례와 고구
려고분벽화의 천문도를 중심으로—〉(서울대학교 대학원 박사논문,
1999).

강현숙, 《고구려와 비교해본 중국 한, 위·진의 벽화분》(지식산업사, 2005).

박창범, ① 《하늘에 새긴 우리역사》, 〈3. 천문 기상으로 찾아간 단군조선〉,
7. 〈고인돌 별자리를 찾아서〉(김영사, 2002).

박창범, ② 〈고구려의 고분벽화 별자리와 천문체계〉 1(소남천문학사연구소
발표논문, 2007).

■ 하늘의 구도 질서와 인간사회의 상관관계

① 신화는 현실 인간사회 인간생활을 반영한다. 위의 단군신화는, 고조선을 건설한 부족집단들의 정치 사회현실을 하늘의 별자리 이름으로서 묘사한 것이다. 이는 역으로, 이 신화 속의 하늘의 별자리들[日月星辰]의 구도 질서를 통해서는, 고조선사회의 정치 사회의 실체를 파악할 수 있게 하는 것이라고 하겠다.

그러므로 여기서 우리는 하늘의 별들의 구도 질서와 인간사회와의 상관관계를 좀 더 살펴두는 것이 좋겠다.

② 하늘을 믿고 신앙하는 고조선 민족의 정치 사회집단들은, 東

소남 천문학사연구소, 〈천상열차분야지도의 별그림 분석〉 동상 논문집 참조.

　여기서 우리에게는 고구려인의 천문관측 기술수준이 궁금한데, 그것은 고구려에서 작성했다고 하는, 전천 천문도(천상열차분야지도)에 잘 반영되어 있다고 하겠다. 이는 천문관측의 오랜 역사적 배경의 산물이기 때문이다. 그런데 그 원본은 현재 남아있지 않으며, 조선초기의 개정본을 통해서 여러 가지 면으로 연구가 진행되고 있다. 그 전반적인 연구동향에 관해서는 다음 구만옥 교수의 논문이 참고된다.

구만옥, 〈'천상열차분야지도' 연구의 쟁점에 대한 검토와 제언〉《동방학지》140(연세대학교 국학연구원, 2007).

우실하 ① 《동북공정 너머 요하문명론》(소나무, 2007).

우실하 ② 〈요하문명론과 한국상고사〉《2007년 상고사토론회》(국사편찬위원회, 2007).

신용하, 《고조선 국가형성의 사회사》(지식산업사, 2010).

신형식, 《고구려사》제8장 고구려의 고분문화(이화여자대학교 출판부, 2003).

　고구려 고분벽화와 그 중의 별자리 해와 달 사진은, 조선일보사·국립현대미술관 공동주최로 전시회를 열고 편집한 《집안 고구려 고분벽화》(조선일보사, 1993)가 선명하다.

北아시아 만주 일원에서는 샤먼교(敎)가 널리 발달하는 가운데, 이를 믿었다. 밤하늘에 떠 있는 별들은, 그들이 초원지대 밀림지대에서, 수렵·채집생활을 하며 살아가는데, 위치 방향 계절 시각을 알려주는 좌표가 되었다.

그들은 그 별자리를 자기들 부족집단의 이름 상징별로 삼았다. 그래서 이 신화에서는 그들 부족집단이나 정치집단을 말할 경우 그 이름을 천을 구성하는 그 상징별[星]의 이름으로서 불렀다. 문자가 없는 태곳적 일이었으므로, 그들은 그들의 부족집단을, 지금은 알 수 없는 그들이 부르고 있었던, 고조선시기의 별 이름으로 내세웠을 것이다.

③ 그렇게 보면, 단군신화는 환인(桓因·天帝·하느님), 하늘[天]을 믿고 신앙하는 서자(庶子)족 집단, 환웅(桓雄)족 집단, 풍백(風伯)족 집단, 우사(雨師)족 집단, 운사(雲師)족 집단, 곰[熊] 부족집단, 범[虎] 부족집단 등, 정치 사회집단들이, 하늘의 별들과 같이, 인간세상에 정치사회를 형성하고 질서를 유지하고자 하였던 사정을 기술한 것이라고 하겠다.

④ 그러한 관점에서 이 단군신화는, 하늘[天]의 구도 질서가 환인(桓因·天帝)의 지배 아래 서자별 환웅별 풍백별을 중핵으로 운영되었듯이, 그 하늘 아래 인간세상의 부족사회도 많은 부족집단들이 있는 가운데, 서자(庶子)족 집단, 환웅(桓雄)족 집단, 풍백(風伯)족 집단을 중심으로 운영되었음을 확인해주는 것이라 하겠다.

이는 서자(庶子)족 집단, 환웅(桓雄)족 집단, 풍백(風伯)족 집단이 단군조선을 지탱하는 세 축이었음을 뜻하는 것이다.

⑤ 이를 좀 더 세밀히 살피면, 고조선에는 서자(庶子)족 집단과 환웅(桓雄)족 집단이라고 하는 두 계열의 정치세력이 있어서, 이들 두 집단이 풍백(風伯) 직함의 장관을 통해 여타의 부족집단을 거느리고 정치사회를 운영하였음을 뜻하는 것이겠다. 그리고 하늘의 별들에 서차가 있었듯이, 그 별들을 상징별로 삼고 있는 인간 사회의 부족집단들에도, 서열이나 서차가 있었다고 하겠다.

⑥ 이를 좀 더 부연하면, 단군신화는 하늘〔天〕을 숭배하고 천신(天神)을 신앙하는 선진문화의 환웅(桓雄)족 집단이, 서자(庶子)족 집단, 풍백(風伯)족 집단 등의 안내로, 곰〔熊〕과 범〔虎〕을 토템신앙의 대상으로 삼고 있었던 부족집단의 사회에 와서, 이들과 협력하고 결합하여 더불어 하늘을 숭배하는 더 큰 정치사회를 형성하였던 사정을 밝혀주는 것이라고 하겠다.

⑦ 따라서 이 신화에서 환웅족 집단이 새로운 정치사회를 이끌어가기 위해서는, 각 부족집단들이 종래에 부족사회 씨족사회 원시공동체사회를 운영하였던 정치원리로서는 안 되고, 그것과 다른 새롭고 조직적인 큰 틀의 정치운영 원리가 필요하였다.

특히 그들의 주위 환경은, 東아시아 민족들이 모두 고대문명 고대국가를 건설하기 위해서 활동하는 격동기인데다, 중국문명을 상징하는 황제(黃帝)와 요하문명을 상징하는 치우(蚩尤)의 격돌이 있었고, 만주지역에서 이웃해서 살고 있는 다른 민족들이 강성하였으므로, 한 치도 방심해서는 안 되었다.

　단군조선의 국가조직이나 권력형태는 이러한 시대적 사회적 분위기에 충분히 대비하고 반영하는 것이 되지 않으면 안 되었다. 여기에 등장하게 된 것이, 막강한 권력이 부여된 제정일치의 천왕(天王) 천군(天君)정치이었다고 하겠다.

　⑧ 그리고 국가가 부강하기 위해서는 경제기반이 탄탄해야 했으므로, 그들 부족집단들은 경제생활을 계속 농경문화로서 유지 발전시켜나가되, 그 국가 단군정권은 농경문화 농업공동체를 국가기획 차원에서 조직적으로 개량 육성하지 않으면 안 되었다. 북극성(北極星)의 서자(庶子)별을 상징별로 삼고 있는 서자(庶子)족 집단(五行, 즉 인간 사회의 의식주, 산업문제를 전담하는 전문가 집단)이 국가건설의 주역으로 등장하게 된 이유이었다.

　그뿐만 아니라 그들 부족집단들은 농경생활 수렵생활을 발전시키기 위해서, 하늘[天]을 관측하고 별[星]자리에 풍요를 기원하던 시기의 관행에 그치지 않고, 국가 차원에서 자연환경 기상조건의 비상사태에 대비 우사(雨師)·운사(雲師) 등의 기상 농업전문가 집단을 국정에 참여시키기도 하였다.

　⑨ 단군신화에 반영된 고조선의 실체가 이러한 것이라면, 이는 신석기시대 말기에서 청동기시대로 넘어오는 시기, 일반적으로 정치·경제·신앙의 면에서 많은 변화가 요구되는 때에 등장한 정치조직의 편제상황을 기술한 것이었다고 하겠다.

　이를 좀 더 우리에게 익숙한 역사의 발전과정으로서 말한다면, 단군신화는 우리 민족이 원시공동체사회에서 고대사회로 넘어오는 긴 세월의 전환과정에서, 별 이름으로 상징화된 부족집단들의 사회에서 일어나고 있었던, 정치적 변동 발전과정—초기국가 건설—을 짧은 문장 속에 압축 정리한 역사서술이 되겠다.

■ 환웅이 하늘에서 내려옴〔天降〕은 환웅족 집단의 선진지역으로부터의 이동

여기서 단군신화를 통해 그 개국 사정을 연구하고자 하는 학자들에게 늘 곤혹스럽고 난해한 구절이 되는 것은, 환웅이 무리 3천 인을 거느리고 하늘에서 태백산(太白山) 신단수 아래로 내려왔다고 한 부분이다. 그런데 이를 하늘의 별들의 구도를 매개로 생각하면, 이는 환웅별을 상징별로 삼고 있는 부족집단, 즉 환웅족 집단의 정치활동을 환웅별의 이름으로 묘사한 것이 된다는 점에서, 천강(天降)이란 표현은 별의 운동이란 점에서 오히려 자연스럽다고 하겠다. 이는 환웅별을 상징별로 삼고 있는 환웅족 집단이 환인(桓因)이 지배하는 인간세상의 다른 선진지역에서, 이곳으로 이동해왔음을 의미하는 것으로 풀이되기 때문이다.

그것도 단군신화의 표현대로라면, 환웅족 집단은 상당한 문화수준에 도달하고 있는 선진지역에서, 그 문화를 경험한 사람들이 그 문화수준을 그대로 지니고 왔음을 느끼게 한다. 그렇게 보면 단군신화는 가공적인 신화나 설화가 아니라, 구체적 현실적인 사실로서 서술되었던 것임을 알 수 있게 한다. 그리고 만주 한반도 북부지역에 단군조선이 개국될 수 있을 만큼, 그 주변 지역에 비교적으로 고도한 선진문화가 조성되어 있었을 것임도 알 수 있게 한다.

그러면 단군신화 속의 그 선진지역은 어디였을까? 발해만 연안의 산동반도에 동이족의 문화인 대문구(大汶口)문화(5~6천 년 전)가 있었음은 잘 알려진 사실이지만, 우리에게 특별히 관심을 갖게 하는 것은, 그 문화의 성격과도 관련(비파형동검 및 남 시베리아 알타이지방의 고도한 청동기문화), 최근 요서지역 내몽골 지역에서 발굴된 '요하문명' 지역이다. 요하문명은 근년의 고고학적인 발굴과 연구를 통해서, 그 실체가 알타이어계 북방민족의 문명이었던 것으로 드러났는데, 단군조선의 등장은 그 가운데서도 '홍산문화 만기의 문화권'(기원전 3,500~3,000년, 赤峰·朝陽지역) 및 '하가점 하층문화권'(기원전 2,500~1,500년)과 적잖이 관련이 있을 것으로 생각된다 (84쪽 〈요하문명의 발전과정〉 참조).

그리고 그 홍산문화권에는 제천(祭天)을 위한 거대한 제단(祭壇)과 여신상(女神像)이 있었는데, 이 여신상(女神像)이 호녀상(虎女相)임을 고려하면, 그곳 홍산문화권은 하늘[天]을 숭배하는 집단과 범을 토템신앙으로 삼고 있는 집단의 생활권이었음도 알 수 있게 한다. 그뿐만 아니라 그렇게 볼 경우, 환웅족 집단도 그 홍산문화권에서 하늘[天]을 숭배하는 집단의 한 구성원이었을 것으로 추정되기도 한다(이 문명에 관해서는 주 21의 한창균 교수 ①논문, 우실하·신용하 교수 논문, 주 16의 복기대 교수의 논문 참조).

아마도 그 홍산문화권에 정치적 불안이 조성되고(여신상은 파괴된 상태로 女神廟유적지에서 발굴되었다), 그 문화주체에 큰 변동이 일어나게 되자, 홍산문화단계에서 하가점 하층문화(중심시기는 B.P.

4,400~3,300년으로서 바로 단군조선의 시기였다 —주 16 복기대 교수 논문)
단계에 이르는 사이, 요하 동부 요양(遼陽)지역에 자리하고 있었던
단군신화의 서자족 진국(辰國)집단(북두칠성족 집단 지역, 67, 98~101
쪽 북두칠성 설명 참조), 풍백족 집단 등의 동료집단들이, 환웅족 집
단을 태백산(太白山)으로 안내하고 이동케 하였을 것으로 짐작된
다. 이 이동과정을 단군신화에서는 곧 환웅이 하늘에서 지상으로
내려오는 과정으로 묘사하였을 것이다.

■ 단군신화 속의 3단계 역사 발전

앞에서 지적한 바와 같이, 단군신화는 그 내용이 ① 천강(天降)
·천왕(天王)신화 ② 신혼(神婚) 단군신화 ③ 기자 봉조선설 등 3단
계로 구성되는데, 단군신화의 이 3단계는 동시에 그들 부족집단들
의 신앙생활이나 정치생활면에서의 발전단계를 표현하는 것이었
다고 하겠다. 그리고 이는 원시사회에서 고대사회로의 이행과정
을 반영하는 것이기도 하였다.

즉, ①의 천강(天降)·천왕(天王)신화 단계는 단군신화 단군조선
의 첫 단계로서, 이는 환웅이 하늘에서 내려온 신인(神人), 선진지
역에서 온 선각자로서, 그리고 인간세상을 다스리는 천왕으로서,
고조선의 건국을 위한 정지작업을 한 시기였다. 환웅천왕의 거점
지역은 태백산(太白山)의 웅성(熊星)＝방성(房星)을 상징별로 삼고
있는 곰 토템집단의 지역이었다.

정치적으로 서자족·풍백족·우사족·운사족 집단과 곰·범 등 부
족집단을 횡으로 연결 결합하여, 부족연맹체 국가를 형성하였다.

주곡(主穀)·주명(主命) 등 정치운영의 체계를 세우고, 풍백·우사·운사 등 직함의 장관들[농업전문가집단]로 하여금 농업에 관한 기반공사를 하며, 환웅은 그 통치권자 천왕(天王)이 되었다.

이러한 통합은 정치적 통합에 그치지 않고, 신앙의 면에서도 씨족 또는 부족단위로 행해지던 개별 분산적인 토템신앙을, 환웅천왕 중심의 샤먼교(敎)적인 제천(祭天)신앙으로 통합하였다.

환웅은 정치적으로 천왕(天王)인 동시에, 제천을 주관하는 천군(天君)이기도 하였다. 신시(神市)는 그 제천을 위한 성지였다. 환웅시기의 천왕정치(天王政治)는 제정일치(祭政一致)의 신권·신정정치(神權·神政政治)의 시기이었다. 아마도 선행하는 주거지역에서의 이민족과의 투쟁과 통치의 경험이, 이 같은 통치체계를 세운 기초가 되었을 것이다.

②의 신혼(神婚) 단군신화 단계는, 단군(壇君·檀君)이 그 아버지 환웅의 계획한바 건국 구도에 따라, 정식으로 국가를 조선(朝鮮)으로서 개창하고, 도읍을 평양성(平壤城) 그리고 백악산아사달(白岳山阿斯達)로 이전한 시기였다. 그 평양은 아마도 태백산에서 그리 멀지 않은 지역이었을 것이다. 그리고 단군신화에 아무 설명이 없는 점으로 보아, 단군(壇君·檀君)은 정치를 그 아버지와 마찬가지로 천왕(天王) 천군(天君)으로서 제정일치(祭政一致)의 신권·신정정치(神權·神政政治)를 행하였을 것으로 추정되는 시기이다.

물론 단군(壇君·檀君)이라는 칭호는 자연인으로서의 이름이 아니라, 제천의 주재자 천군(天君)·단군(壇君)·단군(檀君)에서 유래한 정권(政權) 정체(政體)의 명칭이었다. 이를 사람들이 이름처럼 부른 것이다.

단군정권의 통치 기간은 길었으므로, 사회경제 조건, 특히 농경문화가 발달하는 데 따라서는, 그 정치권력도 점진적으로 변동하지 않을 수 없었다. 그리고 그것이 기초가 되어 단군조선에서 기자조선으로 정권교체가 있게 되었다(주 19의 김용섭 논문 참조).

신화 속의 단군은 요컨대 하늘에서 내려온 천자(天子·日) 환웅의 아들이고 그 계승자였으므로, 그도 일월성신(日月星辰)의 천(天)의 구도·별들 서열체계에서 천자(天子·日)의 지위에 있었다. 그러므로 그는 평양에 신단(神壇 또는 神檀)을 마련하고, 천군(天君)의 자격으로서 그 조상인 하늘〔天〕과 일신(日神·太陽神)에 제사를 올리며, 그 권위를 빌려 그 아버지 환웅과 마찬가지로 그가 지배하는 나라의 만사를 주재하는 천왕(天王)이 되었다.

단군을 당시의 현실 정치로서 말한다면, 그는 정치적으로는 국가의 통치권자 천왕(天王)·잉검·가한(可汗·카한)이었으며, 종교적으로는 제천을 주재하는 천군(天君·壇君·檀君)이었다.

그런데 이 경우 그의 통치권자로서의 호칭은, 그가 하늘에서 온 임금이라는 점에서 '하늘 카한'(텡그리 카한-天君·壇君·檀君은 이것의 한자음 표기가 되겠다), 또는 천(天)의 자손〔子·日-해〕이라는 점에서, 더 일반적으로는 '햇님 카한'으로 불렸을 것으로 사료된다.

《삼국사기(三國史記)》에 따르면, 고구려에서는 국가행사로서의 제례에서 '기자가한신(箕子可汗神)'과 함께 '일신(日神)'에 제사를 지내고 있었는데, 이는 그것을 말해준다고 하겠다. '기자가한신'

은 기자조선의 기자가한의 신을 말하고, '일신'은 하늘에서 내려
온 환웅신과 함께, 그의 아들로서 나라를 개창하고 통치하였던 개국
시조 단군의 신을 말하였던 것으로 이해되기 때문이다. 그러므로 그
는 자연스럽게 애칭으로 '햇님 카한'이라 불렸을 것으로 생각된다.[22]

③의 기자 봉조선설 단계는, 단군신화 고조선의 마지막 장으로

---

22) 《삼국사기》 권32, 잡지1, 제사 고구려 조항에서는, 고구려의 제례를 다음
과 같이 기술하고 있었다.
唐書云高句麗俗多淫祠祠靈星及日箕子可汗等神.
이를 읽기 편하게 정리하면,
唐書云 高句麗俗多淫祠 祠靈星 及 日·箕子可汗等神.
과 같이 된다.
　　여기서 '唐書云'의 원문은, 《구당서》에 "(高句麗)其俗多淫祀事靈星神日
神可汗神箕子神 …"(열전149 상, 동이 고려)이라 하였고, 《신당서》에 "(高
句麗)俗多淫祠祀靈星及日箕子可汗等神 …"(열전145, 동이 고려)이라고 모호
하게 기술하였는데, 《삼국사기》의 찬자들은 《신당서》를 취하여 위에서와
같이 읽은 것이다. 이들은 알타이어계 문명권의 후손 학자들이었으므로 이
렇게 읽었던 것이다.
　　《삼국사기》의 '箕子可汗等神'에 관해서는, 현재 경인문화사 영인의 標
點 校勘 《구당서》 《신당서》에서와 같이 '箕子神 可汗神'으로 두 신으로 나
누어 읽는 견해와, 이병도의 《국역 삼국사기》(502)와 같이 하나의 神으로
붙여 읽는 견해가 있으나, 고조선어는 알타이어계라는 점에서 후자와 같이
읽는 것이 옳겠다.
　　주채혁 교수에 따르면, 우리와 같은 알타이어계 민족인 몽골 학자들은
기자(箕子)를 게세르칸(居西干)으로 읽는다고 한다. 《순록치기가 본 조선·
고구려·몽골》(혜안, 2007), 142.
　　이와 관련해서 바이칼 호 주변의 알타이어계 여러 민족 국가들에는, 샤
먼교에 연계되는 영웅 서사시로서의 '게세르 신화'가 광범하게 전해오는데,
이는 기록상으로는 《삼국유사》의 단군신화에 그 연원이 있다고 한다(일리
야 N. 마다손 채록, 양민종 역, 《바이칼의 게세르 신화》, 솔출판사, 2008).

서 중국에서 기자가 온 것이 아니라, 고조선 안에서 사회경제 특히 농경문화가 발전하여, 단군정권이 기자가한의 기자정권으로 정권 교체되고, 고대사회 고대국가가 확립되는 새로운 시대가 된 시기이다.《삼국유사》에서는 이때의 사정을 구체적으로 언급하고 있지 않지만, 이 ③단계의 변동은 역사적으로 큰 변화 큰 발전이 있었음에서 말미암았던 것으로 보아야 하겠다. 이 문제에 관해서는 후기고조선·기자조선 장에서 다시 논의하게 되겠다.

■ 단군조선 연구의 현황과 전망

《삼국유사》에 수록된 단군신화의 내용과 시대적 성격은 대체로 이상과 같이 이해된다. 그렇지만 이러한 사실이 고조선 또는 그와 가까운 어느 시기에, 우리의 글로써 기록되었던 것은 아니었다. 아마도 그것은 별자리이름으로 신화처럼 전설처럼 구전(口傳)되어 오다가, 이를 한자(漢字)로 채록한 기록《위서(魏書)》와《고기(古記)》를 통해서 간접적으로 알게 된 것이었다.《삼국유사》를 편찬한 일연이 당시 집안(集安)에 있는 고구려 대왕의〈장천 1호분 천장 별 그림〉(권두의 화보 참조)을 보았다면, 서자·환웅·풍백별을 상징별로 삼고 있는 부족집단들의 개국 사정을, 인간사회의 현실로서 좀 더 구체적으로 서술할 수 있었겠지만, 이 고분이 발굴된 것은 근년의 일이었다(1970년 8월 길림성박물관 전시).

그러므로 자료의 과학성 합리성을 중요시하는 근대 역사학에서는, 단군조선의 전설적인 개국사정은 일제하 이래로 연구대상에서 제외하는 것이 일반이었다. 당시로서는 정치성을 띤 조치였다.

고대사 연구에서는 자료가 귀하므로 글자 반쪽이라도 소중히 다루어야 할 터인데 그렇지 못하였다.

東아시아에서는 중국 주변의 어느 지역에서나 그러하였듯이, 우리 한민족의 초기 역사 기록도, 한자문명으로의 굴절을 통해서 전해졌다. 고조선사람들의 자체 언어에 바탕을 둔 지명이나 인명들이 한자로 음사(音寫)되어 혼란을 일으키게 된 것은 말할 것도 없고, 중국의 정형화한 사서인 정사(正史)에 기록된 일부 내용이 전통시대를 통해 큰 권위를 누리는 것과 달리, 그에 기록되지 못하고 단편적으로 전해지는 사실은 큰 신뢰를 받지 못해왔다. 고조선의 존재도 오랫동안 그러한 의혹의 대상이었다. 더욱이 중국 정사의 체제를 답습한 《삼국사기》의 찬자가, 고조선을 잘 알고 있었으면서도 그것을 다루지 않았음에서 오는 부정적 영향 평가는, 《삼국사기》가 단대사(斷代史)로 편찬되었다는 사실과는 관계없이, 지극히 컸다.

그러므로 고조선 문제는 명백한 자료가 없는 상황에서, 신화의 차원에서만 존중되고, 역사적 현실로서는 학계에서 인정되지 못해왔다. 그리고 그러므로 해서 이 문제에 대한 한국역사학계의 자세는, 고고학계의 발굴조사와 그 연구 성과가, 전기고조선을 객관적으로 인정할 수 있게 될 때까지 기다리는 수밖에 없었다.

그런데 해방 이후 20세기 후반의 고고학 연구의 비약적인 발전은, 중국에서는 말할 것도 없고 한반도에서도 그러하지만, 갈수록 농경문화와 청동기문명을 큰 모습으로 드러내고 있다. 특히 중국

에서는 과거의 알타이어계 북방민족의 생활권(요하서쪽 적봉·조양
지역)에서 고조선문명과 이웃하며 시차를 두고 연계되어 있었던
'요하문명 홍산문화'를 발굴해내고 있다. 그 내용은 다음과 같이
네 시기로 구분되고 있다(주 21의 한창균 교수 ①논문 참조).

　　〈요하문명의 발전과정〉
　　① 홍산문화기(기원전 4,000~2,500년 무렵)
　　　　　　　　　　──국가 문명발생 직전시기
　　　　　　　　　　──단군신화에 선행하는 시기
　　② 하가점 하층문화기(기원전 2,500년~1,500년 무렵)
　　　　　　　　　　──청동기시대
　　　　　　　　　　──단군신화 시기
　　③ 하가점 상층문화기(기원전 1,500년~철기시대 이전)
　　　　　　　　　　──청동기·비파형동검시대
　　　　　　　　　　──단군신화·기자조선 시기
　　④ 초기 철기시대(기자조선 시기~)

　이 가운데 ② ③ ④는 고조선시기에 해당하고, ①은 단군신화
에 선행하는 시기이다. 그런데 이 홍산문화 가운데서도, 특히 그
만기(晚期, 기원전 3,500년~3,000년)의 문화수준은, 앞에서 언급한
바와 같이, 대단히 높은 것으로 파악되고 있어서, 세인을 놀라게
하였다(주 21의 우실하 교수 논문 참조). 그뿐만 아니라 그 홍산문화
만기의 문화 내용(무덤)의 주인공이, 고조선의 그것과 같은 것으

로 이해되고 있어서, 앞으로 더 많은 연구가 있어야 분명해지겠지만, 이제는 단군신화를 신화로만 돌릴 수 없게 되었다고 하겠다(한창균 교수 앞의 논문 참조).

더욱이 홍산문화를 계승하는 것은 하가점 하층문화인데, 이 문화는 그 사회발전의 수준이 높아서, 그 주민은 성(城)을 축조하고 살고 있었음이 흡사 초기국가의 모습 그것이었다(주 16 복기대 교수 논문, 하가점 하층문화의 성격 참조). 그런데 단군조선은 이 하가점 하층문화와 거의 같은 시기에, 이보다 앞서 서자족 집단 등의 안내로 동으로 이동한 환웅족 집단을 중심으로, 이 문화와 이웃해서 만주와 한반도 북부지역에 걸쳐 건설되고 발전하고 있었다.

그뿐만 아니라 이들 東아시아의 알타이어계 민족들은, 앞에서 언급한 바와 같이, 같은 북방민족으로서 고도한 청동기문화를 발전시키고 있었던, 남 시베리아의 알타이지방 및 바이칼 호 주변 지역으로부터는 기회가 닿는 대로 그 문화를 수용하고도 있었다(주 28의 김정배 교수 ③논문 참조). 고조선은 미개한 원시사회 속에 갇혀 있는 것이 아니라, 초기국가 문명단계에 들어가고 있는 북방민족들의 세계 속에서 호흡을 같이하고 있었다.

그뿐만 아니라, 한반도에서도 청동기문화의 시작은 얼마 전까지만 해도 기원전 15세기로 알려져 있었는데, 최근의 발굴조사에 따르면, 남한에서도 청동기시대의 시작이 만주·북한에서와 같이 기원전 20~15세기로 올라갈 가능성이 한층 높아졌다고 한다. 기원전 2천년기까지 청동기문명 연구의 손길이 뻗치고 있는 것이다.[23]

더욱이 요하문명에서는, 앞에서 언급한 바와 같이, 일찍이 기원
전 6천~5천년경부터 이미 수수·조·기장 등 농경문화가 시작되고,
이어서는 콩·수수 등이 재배 발달하고 있어서, 초기국가 등장의
경제기반이 마련되어가고 있었다. (주 16의 李澍田·衣保中, 김용섭
논문 참조)

한반도에서도 오곡은 말할 것도 없고, 벼〔水稻〕의 재배가 시작되는
시기도 기원전 수천 년 또는 그 이전으로 거슬러 올라가고 있다.[24]

---

23) 최몽룡, 《한국 청동기·철기시대와 고대사회의 복원》(주류성출판사, 2008).
  _____, 〈한국 문화기원의 다원성 —구석기시대에서 철기시대까지 동아시
    아의 제 문화·문명으로부터 전파〉, 단국대 동양학연구원 편, 《동북아시
    아의 문명 기원과 교류》(학연문화사, 2011).
  한창균, 주 21)의 ①논문.
  우실하, 주 21)의 저서.
  복기대, 주 16)의 논문.
  이청규·조진선·천선행·이종수, 《요하문명의 확산과 중국 동북지역의 청
    동기문화》(동북아역사재단, 2010).
  하문식, 〈요동지역의 문명 기원과 교류〉《동북아시아의 문명 기원과 교
    류》(학연문화사, 2011).
24) 미야모도 가즈오(宮本一夫), 〈일본열도의 문명 기원과 교류〉, 단국대 동
    양학연구원 편, 《동북아시아의 문명기원과 교류》(학연문화사, 2011).
    여기서는 동북아시아의 농경문화가 성립되고 전파되는 사정을 정리하
    고 있다.
  김영희, 주 16)의 논문.
  안승모, 《동아시아 선사시대의 농경과 생업》(학연문화사, 1998).
  심봉근, 〈한국선사시대 도작농경〉《한국고고학보》 27(1991).
  임효재 편, 《한국고대 도작문화의 기원》(학연문화사, 2001). 여기서는 다
    음의 논문들이 밭농사도 함께 논하고 있어서 특히 참고된다.
  _____, 〈한국 선사시대의 농경〉.

청동기와 곡물재배가 뒷받침하는 초기국가(전기고조선·단군조선)
가 등장할 수 있는 과학적 논리적 근거가 형성되고 있는 것이다.
그뿐만 아니라 근년에는 중국사를 전공하는 학자들이, 한국사 전
공자들이 미치지 못하는 중국사와 중국자료에 관한 해박한 지식
을 가지고, 고조선을 연구하고 있어서 그 실체가 점점 더 분명하
게 드러나고 있다.

물론 기원전 2천년 3천년기의 전기고조선 단군조선이, 중국의
춘추전국시대에 등장하는 국가에서와 같이, 치밀한 국가조직의
체계를 갖추었으리라고는 생각되지 않는다.

그러나 고조선과 이웃해서 살고 있는 다른 알타이어계 민족(요
하문명)이나, 남 시베리아·중앙아시아의 수렵·농경·목축민족의 계
급사회 정치사회 형성에서 볼 수 있듯이, 고조선 지역의 사회에서
도, 농경문화 청동기문명 등 사회경제가 어느 수준까지 성장하게
되면, 환웅천왕의 건국구도에서와 같이, 농업공동체·농촌공동체
를 바탕으로 한 몇몇 부족집단 부족국가들이, 강성한 이민족을 방
어하기 위해서라도, 초기국가로서의 연맹체국가를 형성하고, 발전

최정필, 〈농경도구를 통해 본 한국 선사농경의 기원〉.

S. M. Nelson, 이승민 역, 〈한국 선사시대의 사회정치적 발전과 농경과의 관계〉.
손보기·신숙정·장호수, 〈일산1지역 고고학조사〉《일산 새도시개발지역학
  술조사보고》1(1992).
이융조·박태식·하문식, 〈한국 선사시대 벼농사에 관한 연구 ─고양 가와
  지 2지구를 중심으로─〉《성곡논총》25(1994), 940.
이융조·우종윤 편, 《제1회 국제학술회의 ; 아세아 선사농경과 소로리 볍
  씨》(충북대학교 박물관·청원군, 2003).

해나갔으리라는 것 또한 추측하기 어렵지 않다.

　이 시기는 중국에서도 삼황오제(三皇五帝) 이후의 초기국가 성
립의 단계였으므로, 아직 중국을 대표하는 통일국가와 천하사상
천하체제가 확립되어 있지 않았다. 따라서 전기고조선과 중국 사
이에는 공식적인 국교나 거래가 있기 어려웠다. 그뿐만 아니라
문명발생 초기에는 중국에서도 기록을 남기거나 역사서를 편찬
하지 못하였다.

　그러므로 전기고조선에 관한 사실이, 그 뒤 천수백 년이 지난
후대의 국가차원 역사편찬(《사기》)에, 공식적으로 수록될 수는 없
었다.[25] 그렇더라도 전기고조선에서도 중국문명이 궁금하고 필요
하였을 터인데, 그럴 경우에는 발해만 연안의 평주지역에 잔류하
고 있는 고조선계의 고죽국을 통해서, 그리고 산동반도 주변 지역
에 살면서 활동하였던 동이계 예맥족들과 왕래하거나, 또는 상인
들을 거쳐서 그 문명을 끊임없이 받아들였을 것이다.[26]

---

25) 윤내현, 〈위만조선의 재인식〉《한국고대사신론》(일지사, 1986), 246 참조.
26) 주 13)의 여러 연구에서는, 발해만 연안의 산동반도와 요동반도 지역이
　하나의 동이문화권이었던 것으로 파악하고, 특히 바다로 격리된 산동반도
　지역과 요동반도에서 발굴된 도기가 지극히 유사하였음에 주목하고 있었다
　(徐亮之 교수 논문). 문화의 교류, 사람의 왕래가 아주 일찍부터 있었음을
　의미하는 것이었다.

3. 후기고조선 · 기자조선의 등장

■ 기자조선의 '기자'에 대한 이해

후기고조선 · 기자(箕子)조선의 시기는 대략 중국의 주(周)나라가 등장한(기원전 11세기) 이후 시기에 해당한다. 이때부터는 기록상으로도 차츰 그 국가의 실체가 드러나고 있었다. 국가 차원에서 중국과 왕래도 하고 무역도 하는 가운데, 중국문명을 수용하는 기회가 많아졌다.[27] 여러 학자들은 이 시기에 관한 기록(중국사서)을 현실로 인정하고 많은 연구 성과를 올리게 되었다.[28] 이를 통해서 우리는 이 시기 국가에 관하여 그 요점을 정리할 수 있다.

그러나 기자조선이라고 그 국가를 이해하는 데 어려움이 없는 것은 아니다. 무엇보다도 궁금하게 여겨지는 것은, 이 나라는 언제 누가 어떻게 건국하였는가 하는, 국가기원의 문제이다. 이에 관해

---

[27] 윤내현, 〈고조선의 사회성격〉《한국고대사신론》(일지사, 1986), 151~152.
박준형, 〈고조선의 대외교역과 의미 ―춘추제와의 교역을 중심으로―〉
《북방사논총》 2(고구려연구재단, 2004).

[28] 김정배, ① 《한국민족문화의 기원》(고려대학교 출판부, 1973).
_____, ② 《한국고대의 국가기원과 형성》(고려대학교 출판부, 1986).
_____, ③ 《고조선에 대한 새로운 해석》(고려대학교 민족문화연구원, 2010).
윤내현, 《한국고대사신론》(일지사, 1986).
_____, 《고조선연구》(일지사, 1994).
송호정, 《한국고대사속의 고조선사》(푸른역사, 2003).
박준형, 〈고조선의 성립과 발전에 대한 연구〉(연세대학교 대학원 박사논
문, 2012).
유. 엠. 부찐, 국사편찬위원회 역, 《고조선》(1986).

서는 기자(箕子-중국인) 봉조선후(封朝鮮侯)설, 토착인 지배씨족 한씨(韓氏)의 집권설, 예맥(濊貊) 조선설, 기자(箕子-한민족) 동래설 등 여러 견해가 있다.[29] 모두 일리가 있지만, 그러나 그러면서도 모두를 그대로 수긍하기에는 근본문제에 대한 아쉬움이 남는다.

그러므로 이곳에서는 앞에서 언급한바 하늘[天]의 구도를 통해서 본 단군조선과도 관련, 저자가 평소에 생각해오던 바를 중심으로 기자조선의 국가기원 국가성격 문제를 풀어보도록 하겠다.

이 경우, 저자는 이 후기고조선·기자조선의 기자(箕子)는, 중국 주(周)나라에서 조선후(朝鮮侯)로 봉하였다고 하는 중국인 기자(箕子)가 아니었다고 생각한다. 한민족일 경우에도 자연인으로서의

---

29) 이기동, 〈고조선문제의 일고찰〉《대구사학》 12·13(1977)에서는 기자조선 성립에 관한 동향을 간결하게 소개하고 있다.

윤내현, 〈기자신고〉《한국고대사신론》(1986), 184~195에서는 기자조선에 관한 그간의 연구사(최남선, 정인보, 안재홍, 이병도, 정중환, 김정배, 천관우, 이형구 씨 등의 연구)를 좀 더 폭넓게 정리 소개하였다.

이에 관해서는 안자산도 시사적인 정도의 발언으로 그쳤지만, 기자조선을 단군조선 내의 여러 '단부(團部) 중의 한 나라'로 언급하였다(안자산 저, 이태진 교, 《조선문명사》(중앙신서, 1983), 40(원본은 회동서관, 1923 간행). 후기고조선, 즉 기자조선의 기자를 주 무왕이 조선후로 봉한 기자가 아니라는, '봉기자조선후'설을 부정하는 논의는 오래전부터 있어왔지만, 우리는 특히 근년의 연구 가운데 다음의 논고에 주목하였다.

이상은, 〈한민족기원과 기자조선의 문제〉《아세아연구》 1(고려대학교 아세아문제연구소, 1958).

전해종, 〈고대 중국인의 한국관〉《東아시아사의 비교와 교류》(지식산업사, 2000), 37~45.

유. 엠. 부찐, 국사편찬위원회 역, 《고조선》, 106~112 참조.

기자가 아니라, 단군조선의 '단군'이 정권·정체의 명칭이었듯이, 기자조선의 '기자'도 정권·정체의 명칭이었다고 이해하고 있다.

즉 단군조선을 연맹체로 구성하였던 여러 부족국가의 칸들이, 그 안에서 후대에 기자조선으로 불려질 수 있었던, 별[星] 이름으로 상징화한 서자족 진국(辰國)집단의 칸을 떠받들고, 그들의 관습에 따라 합의제(合議制)로 단군조선 단군정권과 정권교체시키고, 그 부족장·칸을 연맹체국가 전체(기자조선), 따라서 여러 부족국가의 칸들을 대표하는 수장(首長)·대인(大人)·우두머리 가한(可汗-기자가한·게제르 카한)으로 추대한, 그 정권·정체의 명칭이었던 것으로 이해하고 있다. 기자라는 낱말은 우두머리·대표라는 뜻이다.

그것은, 기원전 10세기 이전의 주나라에서 기자를 조선후로 봉했다고 하는 사실은, 그 조선이 단군조선의 고조선을 말하는 것이라면, 당시의 중국이나 한반도 어느 쪽의 사정으로 보아도 납득하기 어려운 일이기 때문이다. 그리고 무엇보다도 중국에서 보냈다고 하는 기자는, 그 자격이 중국의 통치체계와 관련되는 조선후(朝鮮侯)였는데, 후기고조선의 기자는《삼국사기》가 이를 확인하고 있는 바와 같이, 알타이어계 문명권의 통치권자로서 선출된 기자가한(箕子可汗)이기 때문이다(주 22 참조).

■ 단군조선에서 기자조선으로의 이행 배경

그러면 그러한 기자조선은 어떻게 등장하게 되었을까. 일연은《삼국유사》에서 〈고조선〉 조항을 설정하고 그 안에서 단군과 기자를 말하면서도, 단군조선에서 기자조선으로 정권이 교체되는 사정은 언급하지 않았는데, 이것은 역사서술로서 얼른 이해가 가지 않는 이상한 일이다.

그러나 일연이 이 조항을 기술할 때, '위서운' '고기운'으로 설명을 시작하고 있는 것으로서 보면, 앞에서 지적한 바와 같이, 이 조항의 원문은 주석까지도 포함해서, 일연이 자기 생각을 기술한 것이 아니라, 그가 참고하고 있는 《고기》의 기술을 자료 그대로 인용하였거나 압축한 것이라고 보는 것이 옳겠다. 그러하였다면 일연의 고조선 기술에 의문을 제기할 필요는 없겠다.[30]

그러나 그렇더라도 고조선 안에 기자조선이 있었음은 사실이므로, 우리에게 늘 관심사가 되는 것은, 거기에는 정권이 변동되고 통치권자가 바뀌어야 할 만한 충분한 사정이 있었던 것으로 보아야 하지 않을까 하는 점이었다. 우리는 그것을, 단군조선에서 기자조선으로 정권이 교체될 수 있었던, 몇 가지 국면으로서 생각해 볼 수 있을 것이다.

---

30) 물론 《삼국유사》〈고조선〉 조항에서 정권교체의 문제를 아주 언급하지 않은 것은 아니었다. 일연이 인용한 《고기》의 찬자는 이에 관하여 다음과 같이, 중국사서로부터 '기자봉조선설' 한 구절을 인용함으로서, 기자조선이 등장하고 단군조선이 끝나게 되는 것으로 마무리하고 있었다.

周虎王卽位己卯 封箕子於朝鮮 壇君乃移於藏唐京.

그러나 이것은 정권교체의 결과를, 그것도 《삼국사기》에 기술되지 않은 '유사'를 수록한 것일 뿐, 그렇게 될 수밖에 없었던 국내 상황을 설명해주는 것은 아니었다. 더욱이 그 기자에 대해서도 역사가로서의 판단을 확인해주고 있지 않았다. 이 부분은 《삼국사기》도 그러하였지만, 《삼국유사》의 아쉬운 점으로서, 일연은 무엇인가 할 말이 있으면서 못하고 또는 안하고 있구나 하는 인상을 짙게 받게 된다.

　무엇보다 먼저 상기되는 것은, 후기고조선인 기자조선의 쇠망과 더불어 등장하는 부여(夫餘)의 옛 풍속〔舊夫餘俗〕이다. 이에 따르면 부여의 옛 풍속, 따라서 기자조선 예맥(濊貊)지역의 옛 풍속에서는 "수한(水旱)의 기후가 고르지 않아 오곡(五穀)이 불숙(不熟)하는 흉년이 들었을 때는, 그 허물을 통치권자인 왕의 실정으로 돌리고, 책임을 물어 그 왕을 바꾸거나〔當易〕 죽이라고〔當殺〕" 성토하고 있었다.[31]

　이는 오곡불숙뿐만 아니라, 이 지역에서는, 국가존망의 위기에 직면했을 때, 국왕이 정치를 잘못하면 언제든지 추방당하게 됨을 의미하는 것으로도 볼 수 있겠다. 부여를 개국한 인물은 맥국(貊國)인으로서, 기자정권의 정변시 유망하였다가, 그 쇠망과 더불어 귀환하여, 예국(濊國)의 성에 들어가 망인(亡人)으로서 예국인의 추대를 받아 왕이 되었는데,[32] 이 개국 사정 국왕교체의 사정도, 이 때의 중국의 동정(東征) 정국 변동의 혼란 속에서, 그들의 옛 풍속〔舊俗〕에 따라 행해졌던 것으로 보인다.

　그렇다면 오곡불숙으로 흉년이 들어 국왕을 교체하는 부여지역의 옛 풍속은 예국 시절, 따라서 그 이전의 고조선 시절, 한걸음 더 거슬러 올라가면 그들의 수렵·목축·유목민 시절 이래의 풍속

---

31) 《삼국지》 권30, 위서30, 오환 선비 동이전, 부여.
　　舊夫餘俗 水旱不調 五穀不熟 輒歸咎於王 或言當易 或言當殺.
32) 《삼국지》 권30, 위서30, 오환 선비 동이전, 부여.
　　夫餘 … 國有故城名濊城 蓋本濊貊之地 而夫餘王其中 自謂亡人 抑有似(以)也.

이었을 것으로 생각된다. 그리고 이러한 풍속이 부여의 이른 시기에 옛 풍속으로서 남아 있었던 점을 보면, 그 이전의 고조선에서는 더 철저하였던 것이 아닐까 생각된다. 고조선의 통치권자 가한(可汗)에게는, 권력만 주어졌던 것이 아니라, 부족과 국가의 민을 먹여 살려야 하는 책임도 따르고 있었던 것이라고 하겠다.

그러하였다면 오곡불숙으로 흉년이 들어 통치권자를 교체하는 일이, 그를 죽이라고〔當殺〕 하는 데까지는 이르지 않았다 하더라도, 바꾸라〔當易〕고 하는 일은 자주 일어났을 것으로 짐작된다. 더욱이 기원전 2천년기를 전후해서는, 東아시아도 포함한 전 지구단위의 기후변동 기상악화가 있었던 것으로 보이므로,33) 오곡불숙의 흉작이 빈번해지거나 장기화하는 예가 적지 않았을 것이다. 그리고 그럴 경우에는 오곡불숙에 대한 책임추궁이 무거워져서, 가한(可汗) 한 사람을 교체하는 정도가 아니라, 통치권자인 가한(可汗)을 내는 부족국가 자체를 교체할 수도 있었을 것으로 생각된다. 그뿐만 아니라 오곡불숙을 빙자하여 힘 있는 부족국가가 정변 정권쟁탈을 도모할 수도 있었을 것이라 여겨진다.

---

33) 김상기, 〈태한(太昊)전설의 유래에 대하여〉《동방사논총》(서울대학교 출판부, 1974)

Joseph Needham and Wang Ling, *Science And Civilisation in China*(England, 1959).

吉田忠 外 5人 翻譯,《中國の科學と文明》第5卷(思索社, 1979), 357.

카자노프, 김호동 역,《유목사회의 구조》(지식산업사, 1990), 145.

장호수, 〈신석기시대의 자연환경〉《한국사》2(국사편찬위원회, 1997).

이태진,《새 한국사 ―선사시대에서 조선후기까지―》(까치, 2011).

다음은, 그런 가운데서도 전기고조선에서 후기고조선으로 이행하는, 기원전 2천년기에서 기원전 1천년기로 넘어오는 시기에는, 느슨하지만 당시로서는 농경문화의 비약적인 발전이 있었고, 이와 병행해서는 새로운 돌대문(突帶文) 형식의 토기가 등장하고, 청동기문명이 또한 더욱 화려하게 발전하고 있었음을 주목하게 된다.[34] 이때는 농업공동체(農業共同體) 사회가 세기(世紀)가 다르게 이완 해체되어 농촌공동체(農村共同體) 사회로 이행하며, 농지의 사적소유와 사유재산제가 발전하는 가운데, 수직형의 고대적 신분계급사회(身分階級社會) 형성이 눈에 띄게 드러나는 시기였다.

이 같은 상황에서는, 사회발전 사회변동에 대비하는 농업생산 농업정책에 관하여, 농업공동체 농촌공동체 내의 호민층과 민 빈농층 사이, 그리고 선진지역 부족국가와 후진지역 부족국가들 사이에, 이해관계의 차이에서 오는 견해차가 커질 수 있고, 사회적 모순구조가 심화되어 갈등·대립·마찰이 발생할 수도 있었다. 그럴 경우, 농업이나 청동기문명을 가장 잘 발전시키고 있는 선진지역 부족국가에서는, 개발 발전 등 앞으로 나아가고자 하는 강한 발언을 했을 것이며, 그것은 부의 배분에 역점을 두는 단군정권의 농업공동화정책을 강하게 비판하였을 것이다.[35]

그뿐만 아니라 이 시기에는, 국제적으로 중국 내부에서 상(商)·주(周) 교체기의 전란 격동이 일어나고, 그 영토 안에 살고 있었던

---

34) 주 24)의 논문 및 주 23)의 최몽룡 논문 참조
35) 김용섭, 주 19)의 논문 참조.

많은 이민족(비중국인)집단과 동이족이 중국에 흡수되고 중국화하는 등, 국제정세가 긴박하게 돌아가고 있었다.

■ 정변 : 천왕의 신권·신정정치에서 칸들의 합의제 귀족정치로

그러므로 단군조선의 부족장·칸들은 후대에 '부여 구속'으로 표현되었던 바와 같은 고조선 고유의 정치관행을 따라, 풍백(風伯)의 주재로 대 회의를 소집하고, 이상과 같은 모순구조 타개를 위한 토론을 하였을 것이다. 그리고 그 결과, 단군정권의 천왕 천군정치와 그 농업정책으로서는 농업을 발전시키기 어려우며, 백성을 살리고 국가를 유지하기 위해서는, 시대사조에 맞는 합리적인 통치정책과 새로운 통치권자와 통치체제가 필요하다고 판단하였을 것이다.

그리하여 그들은 정변을 일으켜 단군정권을 축출하고 신정권을 영입하는 정권교체를 단행하였다. 난국을 돌파하기에 가장 적임자라고 판단되는 능력이 있고 실적이 있는 인물로 가한(可汗)을 선출하여, 새로운 조선의 새로운 통치권자로 추대하였다.

신정권은 단군조선 단군체제에 대하여 대개혁 대수술을 가하였다. 천왕(天王) 천군(天君)의 독단적인 신권·신정적(神權·神政的) 정치를, 여러 부족집단의 칸들이 모두 참여하여 발언을 하는, 칸들의 합의제(合議制)적 귀족(貴族)정치로 개혁하였다. 새로운 통치권자는 그러한 칸들을 권력의 정상에서 조정하고 통어하는 '수장(首長)가한'·'우두머리 가한'·'기자가한(箕子可汗)'이었다. 이같이 해서 등장한 나라가 기자조선(箕子朝鮮)이었으며, 이로써 고조선은 당분간 더 지속될 수 있었다.

물론 단군정권에서 기자정권에로의 이 같은 정권교체가, 순탄하게 진행되었던 것만은 아니었던 것으로 이해된다. 환웅계의 일부 유력한 정치집단들은 신정권의 정변에 동의하지 않았고, 그 연맹체에서 이탈하고 있었다.《시경》〈한혁(韓奕)〉편에 나오는 맥족(貊族)·추족(追族)·백만(百蠻), 그리고 《맹자》에서 운위하는 맥국(貉國)은 그 예가 되는 것이라고 하겠다.* 〔* 이 문제는 〈고조선 기자정권의 쇠망과 그 유민들의 국가재건 – **부여와 고구려의 경우**〉에서 상론되겠다.〕

따라서 기자조선 기자정권은 정권교체에는 성공하였지만, 그 국가체제 국력이 강성하기는 어려웠다고 하겠다.

그렇더라도 기자가한(箕子可汗)은 말하자면 고조선의 중흥시조(中興始祖)이었다. 《삼국유사》의 〈고조선〉조항에는 단군조선과 기자조선만을 들고 있었는데, 후에 고구려의 국가행사로서의 제례에 '일신(日神)'에 대한 제사와 함께 '기자가한신(箕子可汗神)'에 대한 제사가 있었음은 이 때문이었을 것이다(주 22의 《삼국사기》와 그 의거자료 참조). 고구려에서는 그들의 조상이고 우리 민족의 초기국가인 고조선의 개국시조와 함께 중흥시조도 제사지내고 있는 것이었다.

■ 기자조선으로 등장한 정치세력은 서자족·진국집단

그러면 이때 단군조선 단군정권을 밀어내고 등장한 기자조선 기자정권은, 어떠한 인물 어떠한 정치집단들이었을까?

이에 관해서는 문자로 기록된 바가 없어서 궁금하지만, 뒤에 기자조선과 연결될 수 있는 별들의 이름으로 전하는 부족집단 정치집단이 있었으므로, 그 실체 파악이 전혀 불가능한 것은 아니라고 생각된다. 저자에게는, 기술한바 단군신화의 하늘[天]의 구도 별들[日月星辰]의 질서 속에, 그 해답이 이미 두 방향으로 제시되어 있는 것으로 생각된다.

그 하나는, 하늘에서 환웅(桓雄)별과 함께 인간세상에 내려와 그들을 구세하고 싶어 하였던, 서자(庶子)별을 상징별로 삼고 있는 서자족·진국(辰國)집단이었다. 앞에서 언급한 바와 같이, 서자(庶子)별은 하늘의 별자리[星座]로서는 북극성(北極星), 즉 북극오성(北極五星) 가운데 제3성이었다. 북극성을 대표해서 천제가 포정(布政)하는 북두칠성(北斗七星), 따라서 인간세상의 북두칠성(北斗七星)족 집단들의 지역에 내려와, 인간세상의 오행(五行), 즉 의식주문제와 산업의 발달을 주관하고 있었다. 그러므로 인간세상에서 서자(庶子)별은 곧 북극성 그 자체이고 존귀한 존재이었다.

북극성(北極星)은 북신(北辰)·신·진(辰)이라고도 하였으며, 천체운행의 축이 되는 중요한 별자리이기도 하였다. 그런데 인간세상의 어느 특정 부족집단, 즉 서자족 집단은 그 제3성·서자별을 그들 집단의 상징별로 삼고, 북극성의 다른 이름 신·진(辰)으로서 국호를 삼고도 있었다. 이 집단은 하늘[天]신앙의 면에서, 북극성(北極星·北辰·辰)과 연계되고 있었으므로, 이는 자연스러운 일이었다. 뒤에 중국사서에 진국(辰國)으로 등장하는 나라가 그것이었다.36) 이 경우 진(辰)은 별[星] 일반에 대한 통칭이기도 하였으므로, 진국(辰國)은 별나라인 셈이었다.

단군조선을 기자조선으로 정권 교체하였을 때, 이 나라는 여러 부족국가의 연맹체로 구성되고 있었는데, 서자족 진국(辰國·별나라) 집단은 그 가운데 중심이 되는 집단이고 국가이었다. 그런데 진국은 대인국(大人國)이라고도 부르고 있었다. 대인국은 '수장(首長)의 나라' '우두머리 나라'라는 뜻이었다(주 37 참조). 이는 단군조선을 기자조선으로 정권 교체할 때, 그 부족국가의 칸들이, 진국의 칸(별님 칸)을 기자조선·후기고조선을 대표하는 수장(首長), 곧 우두머리 가한(可汗)으로 추대하였음에서 말미암은 것이었다.

그러므로 진국은 후기고조선, 즉 기자조선의 기(畿)지역에 해당하는 직할국(直轄國)이고, 연맹체 전체를 지휘 통솔하는 수장국(首長國)이었다고 하겠다. 진국, 즉 서자족 집단은 본시 단군조선과 긴밀한 관계에 있었지만, 그러나 인간세상의 오행(五行−의식주 산업문제)과 관련된 경영능력이 탁월하였으므로, 새로운 정권의 수장으로 추대될 수 있었던 것이라 하겠다.

다른 하나는, 환웅(桓雄)은 아주 옛날에 하늘에서 지상에 내려와, 천왕(天王)으로서 풍백(風伯)·우사(雨師)·운사(雲師) 등의 장관

---

36) 《삼국지》 권30, 위서30, 오환 선비 동이전, 한의 주 4.
　　《위략집본》 조선3조, 전해종 《동이전의 문헌적 연구》 부록, 9.
　　　初 右渠未破時 朝鮮相歷谿卿以諫右渠 不用 東之辰國 時民隨出居者二千餘戶.
　　《요사(遼史)》 권18, 지8 지리지2, 東京道 東京遼陽府 本朝鮮之地.

을 거느리고 인간세상을 통치하였는데, 그 가운데 수석장관격인 풍백이 기자조선과 깊은 관련이 있었을 것으로 생각된다.

생각하기에 따라서는 이들은 단순한 관료의 직함일 수도 있었 겠으나, 그 소임의 중요성으로 보면, 이들 풍백(風伯), 우사(雨師), 운사(雲師)는 관련 부족집단들이 그들을 대표하는 인물을 파견하 였던 것으로 보는 것이 옳겠다. 그럴 경우 풍백(風伯)은 서자족 집 단에서 대표로 파견한 인물일 가능성이 크다고 하겠다. 《삼국유 사》의 기술에 따르면, 서자별은 환웅(桓雄)별과 거의 동격으로, 아 니 더 적극적으로 하늘에서 인간세상으로 내려올 것을 운동하였 는데(서자를 환웅보다 앞에 기록하고 있다), 내려온 뒤 환웅별, 따라서 환웅족 집단은 천왕(天王)을 차지했으나, 서자별, 즉 서자족 집단 에게는 주어진 소임이 명확하지 않기 때문이다.

물론 서자족 집단은, 천제가 하늘의 질서를 바로잡기 위해 포정 (布政)하는 북두칠성(北斗七星), 즉 북두칠성족 집단들의 지역에 있 으면서, 한 별·지역·부족국가를 지배하고, 나머지 6개 별·지역의 부 족국가를 지휘통솔하며, 이를 하나의 국가―진국(辰國)―로서 통 치 운영해나가고 있었으므로, 더 이상 욕심을 내지 않을 수도 있 었을 것이다.

그러나 서자족 집단이 고조선 건설의 주역이었음을 생각하면, 그 국가가 건설된 다음, 그가 그 중앙정치에 참여하지 않았다는 것은 납득하기 어려운 일이다. 더욱이 국가 건설 후에는, 서자족 집단 지배 아래에 있는 북두칠성 지역의 부족집단들도 모두 그 고조선의 일원이 되고 환웅천왕의 통치 아래에 들게 되었을 터인데, 그 우두머리인 서자족 집단의 칸이 환웅천왕의 정치에 참여하지 않는다는 것은 정치운영의 이치상으로도 자연스럽지 못하다.

그리고 앞에서 언급하였듯이, 서자(庶子)별은 북극성(北極星)의 일원으로서 그 소임이 오행(五行)을 주관하는 것이었으므로, 인간 세상에 내려와서는 세상을 총괄적으로 주관하는 국무상(國務相)과 같은 일에 종사해야 할 것으로 생각된다는 점에서도 그러하다.

그뿐만 아니라 서자족 진국 집단은, 북두칠성(北斗七星)족 집단들의 지역에 내려와 이 지역을 통치하고 있었으므로, 그 휘하에 7성 별 각 집단 단위의 부족장·칸 등 고위 인사를 많이 거느린 대 정치 세력이었다(주 20에 언급한 辰韓 六部는 이와 관련된다). 그러므로 정변 주체세력들의 정치는, 이 같은 정치세력을 잘 관장하고 활용할 때, 큰 목표를 달성할 수 있었을 것으로 생각된다.

혹, 황실과의 혼인관계가 중요한 일이라면, 환웅천왕과의 혼인을 처음에는 웅성(熊星)인 곰 부족집단이 차지했다 하더라도, 그 뒤의 단군정권 아래에서는 정국의 원만한 운영을 위해서, 서자족 집단을 비롯한 여러 부족집단과도 대를 이어 돌아가며 인척관계를 맺었을 것으로도 생각된다. 그러나 서자족 집단은 그 지위로 보아 이것으로는 만족하지 않았을 것이다. 서자족 집단은 그 지위에 걸맞는 몫의 중요한 관직을 요구하였을 것이다. 그리하여 여기에 주어진 소임이 풍백(風伯)의 직함이었을 것이라고 생각된다. 그런데 그 풍백을 고대에는 기백(箕伯)이라고도 하였다.

　그러나 다른 한편, 이 풍백(風伯)도 그가 맡았던 정치적 비중으로 보면, 그는 단순한 관료가 아니라, 독립된 특정 부족집단 정치집단에게 주어진 직함이었다고 보는 것이 옳을 수도 있겠다. 앞에서 언급했듯이, 풍백족(風伯族)집단은 단군조선을 지탱하는 세 정치집단 가운데 관료를 조직해내는 한 축이었다. 그럴 경우 풍백은 바람의 신이지만, 동시에 기백(箕伯) 즉 28수(宿) 별자리의 하나인 기(箕)별 이었음에(28수 별자리에 관해서는 주 21의 논문 참조) 주목할 필요가 있겠다. 풍백족(風伯族)집단은 우리의 문자가 없을 때 기(箕)별을 상징별로 내세우고 있는 사회집단 정치집단이었다.

　풍백(風伯·箕伯)은 말하자면 기(箕)별을 상징별로 삼고 있는 부족집단의 우두머리·칸으로서, 필(畢)별 집단의 우사(雨師)·운사(雲師)와 더불어 천문·기상·농업·국가운영 전반에 관한 전문가집단이었다. 그러한 기백(箕伯)이 고대에는 동시에 일반 용어로서 기자(箕子)로도 불리고 있었다. 단, 이 기(箕)별의 풍백(風伯)은 북두칠성의 꼬리와 직교하는 부분에 자리 잡고 있어서, 서자별, 즉 북극성(北極星)의 영향권 또는 그 지배 아래 있었다고 하겠다. 그 독자성이 크기는 어려운 형편이었다.

　그리고 보면 정부 수석장관 직함으로서의 풍백(風伯)자리는, 기(箕)족 집단과 서자(庶子)족 집단의 어느 쪽의 몫이었겠는지 의문이다. 그렇지만 하늘의 별자리[星座]의 서열로서 보면, 그것은 당연히 서자족 집단의 몫이 아니었을까 생각된다. 서자(庶子)별은 북극성(北極星) 안의 천제(天帝)별의 아들이므로, 기(箕)별은 이와 비교

되고 경쟁할 수 있는 처지가 아니었기 때문이다. 그렇다면 수석장
관 직함으로서의 풍백(風伯)자리는 서자족 집단이 장기간 맡아서
운영하는 가운데, 혼인 또는 그 어떤 관계를 통해 기족 집단과 서
자족 집단의 유대관계가 한층 긴밀해지고, 따라서 서자족 집단은
기족 집단에게 풍백(風伯)의 자리를 양보하고, 그 자신은 뒷날 다
른 큰 자리를 차지하고자 할 때 협력을 얻지 않았을까 생각된다.

그러므로 이상에 논한 바를 종합하면, 고조선사람들이 단군조
선 단군정권을 밀어내고 새로운 기자정권을 수립하게 되었을 때,
그 정권의 명칭을 기자조선(箕子朝鮮)이라고 하였던 것을 보면, 정
권교체의 주역 또한 이 명칭을 내세울 수 있는 정치세력과 무관하
지 않았을 것으로 생각된다. 그리고 그러하였다면, 단군조선에서
기자조선으로의 정권교체는 표면상 기(箕)별을 상징별로 삼고 있
는 기족 집단의 풍백(風伯·箕伯)의 계획 아래에 그가 여러 부족집
단과 협력하여 서자(庶子·北極星)족 진국(辰國·별나라)집단의 칸을
떠받들고 단행한 정변이었을 것이라고 추정할 수 있겠다.

그러한 점에서 기자조선은 별들의 나라이고, 그 정치는 여러 칸
들이 합의제(合議制)로 정치를 운영하는 귀족정치(貴族政治)이며,
그 왕은 여러 칸들을 대표하는 우두머리 가한(可汗), 즉 기자가한
(箕子可汗)일 수밖에 없었을 것이라고 하겠다.

■ 진국의 위치 ; 기자조선 후기고조선의 중심지 요양부

진국(辰國)은 앞에서 이미 언급한 바와 같이(주 36 참조), 애초에
위만조선의 동쪽, 따라서 요동지역 요하유역의 내륙 동쪽에 위치

하였던 것으로 이해된다.《요사(遼史)》에서는 그것을 "東京 遼陽府 本朝鮮之地"라고 기술하고 있었다. 그곳은 기름진 곡창지대로서 기원전 5,000년경에 이미 농경문화가 시작하여(심양 신락유적) 발달하고, 이웃 요서지역과 더불어 비파형(불꽃형)동검 등 청동기문명이 발생·보급·발전한 선진지역이었다.

따라서 진국지역은 경제생활이 비교적 안정되고, 기자조선 전체의 중심부가 될 수 있었으며, 그곳 정치세력은 적절한 시기에 고조선의 집권세력이 될 수 있었던 것이라고 하겠다. 여러 부족집단 부족국가의 군장(君長)·칸들이 회의를 거쳐 진국의 군장·칸을 후기고조선 기자조선 전체의 대군장, 즉 기자가한(箕子可汗·게세르칸)으로 추대하였음은 당연한 조치이었다고 하겠다.[37]

그러한 점에서 기자조선의 기자가한이 된 진국의 칸은, 현실 정치세계에서 그러한 능력을 지닌 지도자들 가운데서도 가장 출중하였던 인물(집단)이었으며, 따라서 그는 '기자가한(箕子可汗)', 즉 '별님 카한'이 될 수 있었던 것이라고 하겠다.

---

37) 진국 대인국에 관해서는 다음의 글이 유용하게 참고된다. 안재홍은 조선은 '기'의 나라라 하였고, '기'는 '대인 수장' 또는 '크치'의 뜻이라고 파악하였다.
  《요사》권38, 지8 지리지2, 동경도 요양부.
  윤내현, 〈고조선의 구조와 정치〉《고조선연구》(일지사, 1994), 466~468, 499~512.
  안재홍, 〈기자조선고〉《조선상고사감》상(민우사, 1947).

■ 기자조선과 서주(西周)와의 관계

우리나라 역사가 중국 고대의 경전(經典) 사서(史書)에 기술되기 시작하는 것은, 이 '기자가한(箕子可汗)' '별님 카한'의 나라 후기고조선부터이었다. 기원전 9~8세기 서주(西周) 선왕(宣王) 때의 인물 윤길보(尹吉甫)의 엮음으로 알려져 있는 《시경》〈한혁(韓奕)〉편에 보이는 한후(韓侯)는 그 한 예이다. 여기서는 그 실제 국명이 기록되고 있지 않아서 혼란을 일으키게 하지만, 이는 후기고조선의 '가한' '한(汗·韓)'을 중국식으로 존칭 표기하였거나, 또는 그 '가한' '한'에게 외교사령 명예직으로 한후(韓侯)의 작위를 주었을 것으로도 이해된다.

그에게 북방의 추족(追族)과 맥족(貊族) 그리고 여러 만족(蠻族-百蠻)의 지배권을 인정하고 있는 점으로 보아도 그러하였다. 그가 주왕실과 통혼관계를 맺고 있었다면 더욱 그러하였을 것으로 생각된다.[38] 한후를 정확히 말하면 후기고조선 기자조선의 '기자가한(箕子可汗)' '별님 카한'에게 중국식으로 '후(侯)'자를 부쳐 경의를 표시하고 존대한 것이었다고 하겠다.

그러면 이때 이 두 나라는 어떠한 사정으로 이렇게 밀착하게 되었을까? 우리는 이를 주나라와 기자조선 사이의 '친선관계'의 체결로 보는 바이지만, 그러나 그것이 단순한 친선관계는 아니

---

38) 윤내현, 〈고조선의 사회성격〉《한국고대사신론》(일지사, 1986), 151~161.
_____, 〈위만조선의 재인식〉 같은 책, 255~259 참조.
_____, 〈고조선의 구조와 정치〉《고조선연구》(일지사, 1994), 431~441.

었으며, 당시 두 나라―주와 기자조선―가 각각 직면하고 있었
던 북방문제의 해결을 위해서, 상호 '협력관계'를 약속한 것이
었다고 이해된다.

이때 서주(西周)는 서북방의 북방민족인 견융(犬戎·西戎·獫狁)족
및 기타의 종족 등과 장구한 세월을 두고 전쟁을 하고 있었으며,
결국 주나라는 견융의 침공으로 호경(鎬京)을 버리고 낙양(洛陽)으
로 천도하여 동주(東周)로서 살아가지 않을 수 없었다. 그리고 기
자조선은 그 정변시, 그 연맹체제에서 이탈한 환웅족계의 부족집
단들, 특히 맥족을 다시 결집하고, 환웅족·단군계의 직속세력으로
중국 동변 평주지역에 잔류하고 있는 고죽국(孤竹國)도 관할을 잘
해야 하는 실정에 있었다.

한후(韓侯)와 관련된 서주와 고조선의 양국관계는, 두 나라가
이러한 문제를 해결하기 위하여 취하였던바 '협력관계'였던 것으
로 이해된다. 서주는 국제적으로 고조선을 인정함으로써, 동북방
을 안정시키고, 서북방에 대하여 전력 대비할 수 있었을 것이며,
고조선은 주와의 친선을 통해서 연맹체로부터 이탈하는 세력을
효율적으로 견제할 수 있었을 것이기 때문이다. 두 나라가 강대국
가가 되지 못한 상황에서는 이러한 협력정책이 필요하였을 것이
다. 그런 점에서 서주나 기자조선에게 이때의 친선관계는 일종의
'동맹관계'의 성격을 지니는 것이었다고도 하겠다.

말하자면 이때의 사정을 중국의 문명전환 천하체제 천하화정
책이란 관점에서 보면, 서주는 아직 천하를 무력으로 제압할 만

한 힘을 갖추지 못하였음에서, 고조선을 그들 주도 아래의 천하
체제 천하화정책에 동반자로서 맞아들여 협력해나가려는 것이
었다고 하겠다.

물론 그 후의 중국역사의 전개과정은 그 방향으로 가지 않았다.
중국의 천하체제 천하화정책에는, 중국 내의 통일전쟁 ―강대국가를
건설해야 하는 과제가 있었고, 주변국에 대한 침략전쟁 정복사업을
수행해야 하는 과제가 따랐기 때문이었다. 후술하는 바와 같이 춘추
전국시대 말기부터는 연(燕)나라의 동진정책, 위만의 국가찬탈이 있
었고, 한나라의 사군 설치가 있었으며, 수·당의 침략전쟁도 있었다.

그런 가운데 중국이 천하통일 천하체제를 확립하고 있었던 한
대(漢代)에는, 천하체제를 기획하고 기술해나가는 정부의 관료학
자 사관(史官)들이 '기자가한(箕子可汗)'의 후기고조선 기자조선
을, 그들 나라의 천하체제와 관련시켜 자연스럽게 정책적으로
주나라가 봉했다고 하는 조선후(朝鮮候)의 '기자조선(箕子朝鮮)'으
로 대치하게 되었다.39) 이는 사실과 다른 큰 착오이고 역사 왜곡
이었지만, 그 후의 한국 측 사가들은 중국적 천하체제 아래에서,
그리고 유교사상 중국문명을 적극 수용하고 있는 상황에서, 그
것을 거부하지 못하였다.

---

39) 《삼국지》 권30, 위서30, 오환 선비 동이전, 예.
　　《위략집본》 권21, 조선, 전해종, 《동이전의 문헌적연구》 부록, (일조각,
　　1980).

4. 후기고조선 국가체제의 변화 발전

후기고조선 기자조선의 국가체제에는 전기고조선에 비하여 여러 가지 변화가 있었다. 최대의 변화는 천왕·천군의 제정일치의 신정정치에서, 제정이 분리되고, 여러 부족국가의 칸들이 모두 정치에 참여하여 발언을 하는 합의제(合議制) 귀족정치, 기자가한 수장가한의 정치로 개정된 점이다. 그동안 단군정권 아래에서의 국가차원의 농업정책 사회정책으로, 부족사회 부족국가의 고대사회 고대국가체제로의 성장이 시작되고, 정변 이후에는 기자정권의 농업정책으로 그 성장이 더욱 현저하게 촉진되었던 결과였다.

반면, 후기고조선 기자조선의 국가는 천왕·천군의 강력한 통치력이 해체되고, 부족국가 단위의 세력이 커지고 발언권이 강화되는 가운데, 여러 부족국가를 횡으로 연합하고 종으로 용립(聳立)한 연맹체국가로서의 결집력이 느슨해지고 약화되었다.

여러 부족국가들은 연맹체에 연계되어 있으면서도 국가로서 독자성을 지니고 있었다. 그 국가들은 그 처한 지역과 중심 산업에 따라 국력에 차이가 있었다. 맹자(孟子)는 기원전 4세기의 맥족·맥국(貉族·貉國)을 북방 이적(夷狄)의 나라[國]로서, 토지가 척박하고 기후가 한랭하였으므로 풍요롭지 못하고, 따라서 국가는 '성곽·궁실·종묘제사, 제후폐백, 백관유사가 없었으며', 따라서 수확의 20분의 1을 조세로 징수—맥도(貉道)—해도 되었다고 말하고 있었다.[40]

이와는 달리 부여(扶餘 夫餘)는 기원전 4~3세기 무렵 중국 연(燕)나라 진개(秦開)의 동정으로, 후기고조선 기자조선이 쇠망단계에 들어가게 되면서 등장한 나라로서, 앞에서 언급한바 기자정권 정변시 이탈하였던 맥족(貉族)계의 인물 동명(東明)이 망인(亡人)으로서 예맥(濊貊)지역에 돌아와 국왕이 되고 그 민을 통치한 국가였는데, 이 예맥지역은 은부한 곳으로 예성(濊城)이라고 하는 오래된 고성이 있었다.[41] 부여에 앞서 그곳을 지배하던 고조선의 예국(濊國)은 왕성을 건설하고 있는 대국이었던 것이다. 고조선 총본부의 왕성은 그 규모가 더욱 컸을 것이다.

후기고조선 기자조선의 문화는 청동기시대로서 비파형동검 세형동검을 사용하고, 그 중기단계 이후가 되면 지역차를 두고 철기도 사용하게 되었다.[42]

농업은 신석기시대의 요하문명(遼河文明) 홍산문화 이래로 널리 발달하고 있었으나, 지역차가 있는 가운데, 오곡은 말할 것도 없고, 남쪽에서는 벼농사[水稻作]도 널리 재배되었다(주 24 참조). 직물은 포(布)는 말할 것도 없고, 양잠업의 잠상작면(蠶桑作緜)도 이미 널리 보급되고 있었다. 수렵과 모피산업이 발달하였다. 중국과 무역도 하였다. 국가의 사회경제기반은 비교적 탄탄한 셈이었다.

---

40) 《맹자》(집주대전) 권12, 고장자구 하, 《경서》 698.
41) 《삼국지》 권30, 위서30, 오환 선비 동이전, 부여.
42) 국사편찬위원회, 《한국사》 3 청동기문화와 철기문화(1997).
　　김정배, 《한국민족문화의 기원》(고려대학교 출판부, 1973).
　　최몽룡, 주 23)의 논문.

사회의 발전정도는, 단군정권의 부의 배분문제에 역점을 둔 농업정책과는 달리, 기자정권에서는 농업생산의 개발발전(開發發展)정책을 강조하는 가운데, 농업공동체(農業共同體)의 생산원칙이 농촌공동체(農村共同體)의 생산원칙으로 이행하였다. 농지의 사적소유(私的所有)가 발달하고 사유재산제(私有財産制)가 강화되었다. 신분계급(身分階級)이 발달하고, 사회가 상하(上下)로 크게 분화되어, 수직형의 고대 동방형 노예제사회를 형성하게까지 되었다.

그 사회구성은, 기자정권의 중앙권력층과 부족국가들의 귀족층과 그 일족으로 지방 읍락사회에 거주하는 유력자, 중앙권력 및 부족국가와 읍락사회 농촌공동체를 연계하고 이끄는 호민(豪民)층 등이 지배층을 형성하고, 그 밑에 신분상 자유민으로서 자경농(自耕農)인 민(民)이 있고, 그 밑에는 신분은 자유민이나, 농지가 없어서 호민층의 토지를 전작(佃作)하고, 노예와 같이 혹사당하는 민하호(民下戶) 또는 명하호(名下戶) 등이 있었으며, 그 밑에는 최하의 신분계급으로 공인된 노예인 노비(奴婢) 노복(奴僕) 등이 있었다. 이 밖에 전쟁포로는 노예로서 혹사당하였다.

그런데 이 같은 사회구성에서, 지배층 호민층은 자기의 노비 노복을 노예로서 부리는 것은 말할 것도 없고, 민하호들도 노복과 같이 부리고 혹사하고 있었다.

그뿐만 아니라 후기고조선 기자조선의 사회구성에서는, 지배층 권력자가 죽으면, 그 무덤에 타인을 살인 순장(殉葬)하는 관행도 행해지고 있었다. 순장당하는 자는 보통 노비 노예가 주였으나,

평소에 부리던 부하 시비 하호 등이 동반해야 하는 경우도 흔히 있었다. 이는 인간이 인간을 지배하는데, 마지막에는 생명까지도 뺏을 수 있음을 보여주는 것으로, 순장관행은 노예제 사회의 상징적 표현이 되는 것이었다고 하겠다.

후기고조선 기자조선에서는 이러한 사회구성 사회질서를 유지하기 위해서, 단군정권 시기의 법을 '8條의 禁法'으로 확대 강화하여 민(民)이 이를 준수하도록 하였다. 그 처벌규정은 지극히 엄혹하였다. 살인자는 사(死)하고 그 가족은 몰입하여 노비 노복으로 삼았다. 남의 물건을 훔치면 12배로 갚아야 했다. 아마도 부족국가 단위로 이 법을 시행하였을 것이다. 고대국가로서의 통치기구가 일정하게 성립되어 있었음을 표현함이었다.[43]

국가권력의 상징인 각 부족집단의 족장·군장(族長·君長)은, 다른 알타이어계 민족들과 마찬가지로, 처음에는 칸(可汗) 한(汗·韓) 간(干)으로 호칭하였으며, 따라서 연맹체의 장은 우두머리·수장·대인 가한—게세르 칸—으로서의 '기자가한(箕子可汗)'이었다.

다만, 국가를 운영하기 위해서는, 그리고 그 국가를 수준 높은 독자적인 문명국가로 발전시키기 위해서는, 그 민족의 언어에 부합하는 고유한 문자(文字)를 개발하여 학문을 연구 발전시킬 필요가 있었는데, 고조선의 문자에 관해서는 아직 학문적으로 잘 밝혀지지 않은 상태이다. 정치를 하는 데는 '신지문자'를 이용하고, 특

---

43) 김용섭, 주 19)의 논문 참조.

별한 경우에는 기호적 성격을 지닌 상형문자를 썼으며, 일반으로
는 훈민정음 이전에 있었던 잘 정리되지 않은 문자—아마도 훈민
정음과 너무나도 유사한 '가림토(加臨土)문자'였을까?—를 썼다고
하는 등등의 사실이 전해지고는 있지만, 이에 관한 과학적인 연구
는 아직 잘 되고 있지 않은 듯하다.[44]

이들 문자로서 중국의 제자백가의 사상에 비교되는, 고조선시기
의 정치 경제사상 등을 기술한 저술은 더욱 보이지 않는다. 이는
고조선문명의 상대적 낙후성, 고조선사 연구에서 취약점이라고 하
겠다. 우리가 볼 수 있는 고조선에 관한 옛 글들은 모두 한자로 기
술된 것이다.

그리고 고조선의 국력과 국가체제를, 가령 후기고조선의 연맹
체와 연계되는 기원전 4세기의 맥국(貉國)으로서, 전국시대 중국
의 전국 7웅의 국가들과 비교하면, 맹자(孟子)의 지적과 같이, 그
것은 아직 국가조직상으로 미숙하였으며 중국의 국가들과 큰 차
이가 있었다(주 40 참조). 이는 비교의 방법에 문제가 있기는 하
지만, 그러나 천자(天子)의 국력과 기자가한(箕子可汗)의 국력을 비교
하여도 그러하였을 것이다. 그러므로 이때 후기고조선 기자조선
은 당시의 국제정세로 보아 국력을 키우고 체제를 정비하는 일이
시급하였다고 하겠다.

---

44) 김윤경, 주 15)의 책.
　　류　열, 〈우리민족은 고조선시기부터 고유한 문자를 가진 슬기로운 민족〉
　　　《북한의 단군능 발굴 관련자료》(1993).

IV. 한민족의 제1차 문명전환과 세계화
—중국문명의 수용

■ 제1차 문명전환은 새로운 통합문명의 창출과정

천년 2천년에 걸친 한민족의 제1차 문명전환의 과정은, 위에서와 같은 알타이어계 북방민족의 고조선문명이, 중국의 천하체제에 들어가고 중국문명 유교사상을 수용하며, 그것을 보편적 가치로 인정하고 그 속에 살아가게 되는 과정이었다. 다시 말하면 이때의 문명전환은, 한민족의 문명이 고조선이라고 하는 小세계 문명권에서, 중국문명이 중심이 되는 東아시아 中세계 문명권으로 편입되는 과정이었다.

이 제1차 문명전환은 정치 군사적 침략과정과 표리관계를 이루면서 전개되었다. 그러므로 이 제1차 문명전환에서 한민족은, 이미 서술한바 다른 북방민족의 경우와 마찬가지로, 그 문명의 주체와 그것을 받아들이는 객체 사이의 힘의 논리에 따라, 객체가 살아남을 수도 있고 아주 중국화하여 소멸될 수도 있었다. 실제로 이때의 문명전환 과정에서 한민족은 중국의 거듭되는 동진정책 침략정책으로 말미암아, 영토와 민의 많은 부분을 잃고 소국으로서 살아남는 과정이 되었다.

그러나 그러면서도 제1차 문명전환은, 한민족이 강대한 군사력으로 무장한 중국문명의 충격, 문명전환의 시대적 상황적 필요성에서 오는 정신적 압력, 국제정세의 격변에 따라 전개되는 천하체제 천하화정책의 변동 등에 적절히 대응하면서, 장구한 세월에 걸쳐 점진적 단계적으로 고조선문명의 정신적 바탕 위에, 새로 수용하는 중국문명의 높은 학문 사상을 결합하는 가운데, 한민족의 고유문명을 새로운 차원의 통합문명으로 재창출해나가는 과정이 되기도 하였다.

이 Ⅳ편에서는 이 같은 문명전환의 과정을, 중국민족과 한민족의 역관계를 대비하면서, 몇 단계로 나누어 정리하였다.

1. 문명전환의 분수령

■ 중국문명의 충격

후기고조선 기자조선 중기 이후는 중국이 춘추·전국시대에서 진·한제국에 이르는 시기로서, 이 사이에 중국은 국내적으로 천하통일 정책을 달성하고, 대외적으로 동·서·남·북의 주변민족들에 대하여 천하체제를 구축하며, 그들이 이에 종속, 천하화할 것을 강요하는 시기였다. 전국시대 말기와 진·한제국에 이르면서는 후기고조선과 위만조선에 대해서도 거듭되는 크고 작은 정복전쟁을 감행하였다.[45] 후기고조선 지역을 정복하고, 그들을 중국의 천하체제 군현제에 완전 복속[中國化]시키려는 것이었다.

그러한 점에서 문명전환의 분수령이 되는 이 시기는, 한민족에게 흥망성쇠가 달려 있는 위기와 고난의 시기였다.

---

45) 楊子六, 〈中韓關係大事年表〉《中韓文化論集》 2(中華文化出版事業委員會, 1955).

1) 진개의 침입, 위만의 국가 찬탈, 한의 사군 설치

■ 진개, 위만의 침략과 진국 왕족 귀족의 남하

기원전 4세기 말 3세기 초 연(燕)나라 소왕(昭王) 때 진개(秦開)가 동방을 정벌하여 고조선을 더 동쪽으로 밀어낸 것은, 전국시대에 중국이 사방으로 영토를 확장해나가던 추세의 일환이었다. 그백 년 뒤 중국문명으로 무장한 연나라 위만(衛滿)이 조선복으로 위장하고 고조선에 들어와 정권을 찬탈하고 한나라에 외신(外臣)이 될 것을 약속한 것은, 중국의 동방에 대한 영향력이 새로운 단계에 접어들었음을 의미하였다. 밀려난 기자조선·진국(辰國)의 왕족과 귀족들이, 남쪽 삼한(三韓)지역으로 남하함으로써, 이때의 파장은 한반도 깊숙이까지 미쳤다.

이렇게 밀려난 왕족과 귀족들은, 이 지역의 토착 소국(小國)들을 10여 국 10여 국 50여 국으로 3분하여, 세 명의 칸이 진한(辰韓)·변한(弁辰·弁韓)·마한(馬韓)으로서 지배 통치할 수 있는 예우를 받았다. 그래서 삼한(三韓)이라는 명칭이 나오게 되었다. 韓은 汗·干으로 음이 통하였다. 이때의 '삼한(三韓)은 모두 옛 고조선의 진국(辰國)'이었으므로 그것이 가능하였다(주 46의 《후한서》 참조). 그런 가운데 신라는 진한 가운데 한 소국으로서 출발하였다.

좀 뒤에는 맥족계의 백제 건국세력이 또한 만주지역의 부여 고구려를 통해 경기도 서해안과 마한지역으로 남하하였다. 신라와 마찬가지로 백제도 애초에는 소국으로 출발하였다. 그러나 이들

소국들은 앞으로 이 지역을 이끌어나갈 정치 실세였다.

이 경우 삼한 가운데 진한(辰韓)·변한(弁辰·弁韓)은 그 국명을 辰자로 표시하였으므로 진국의 후예임이 분명하다. 마한(馬韓)은 삼한 가운데서도 중심이 되는 나라였는데, 중국사람들은 이 지역을 낙랑군의 남(南·火)쪽에 있다고 해서 십이간지(十二干支)의 오(午·馬)로 파악하고, 따라서 나라 이름을 마한이라 하였다든가, 또는 진대(晉代)의 사람은 천관(天官)을 참고하여 '진위마성(辰爲馬星)'이라고 하였는데, 이는 진국의 이동사정을 비유적으로 말한 것으로 보여서, 마성(馬星)지역도 북신(北辰) 즉 진국의 남부지역이었음이 분명하고, 따라서 마한은 진국의 후신이 된다고 하겠다.

진국(辰國)은 진개의 침입 이래로 또는 그 이전부터, 차츰 그 주력의 일부가 남으로 이동하여 자리를 잡고, 준(準)왕과 귀족들은 후속하여 남하하였던 것으로 생각된다. 국명을 진(辰)이라 하지 않고 마(馬)라 하였던 것은, 떠나온 곳에서 진국은 사실상 망하였지만, 진국사람들은 아직 남아 있고, 남하한 진국귀족들은 3분하여 삼한이 되었으므로, 진(辰)의 별칭인 마(馬)로 일컬었던 것으로 짐작된다. 삼한사람들이 마한사람으로서 진왕(辰王)을 공립(共立)하고 있었음은, 그간의 사정을 말해준다.

■ 한의 위만조선 정벌과 한사군 설치

그리고 다시 백 년 뒤, 전한(前漢) 무제(武帝)가 위만조선 고조선지역을 정벌하고 그 지역에 낙랑군(樂浪郡) 등 한사군(漢四郡)을 설치한 것, 즉 영토화한 것은, 중국의 천하체제 구축의 첫 번째 전면

적 시도의 일환이었다. 더욱이 이 낙랑군은 수백 년 동안이나 존
치되는 가운데, 한민족 한반도 지역을 중국의 천하체제에 편입시
키고, 이 지역 정치사회를 중국식으로 문명전환시키는 데 전초기
지의 구실을 하였다.46)

그런데 한나라는 이때 흉노(匈奴)와의 대결에 몰두하고 있었기
때문에, 그리고 고조선민의 저항이 강렬하고 지속적이었기 때문
에, 그뿐만 아니라 거듭되는 정복전쟁으로 말미암은 그 나라 민생
의 피폐와 국가의 재정난이 심각하였기 때문에, 동방에 대한 일반
적 의미의 군현제(郡縣制) 통치를 통한 천하체제 구축이 어려웠다.

그러면서도 전한 후한 사이에는 낙랑군에 대한 기술에 차이가
있었고, 낙랑군이 역사적 정신적으로 한민족·한반도에 미친바 영
향은 컸다. 중국문명의 수용, 문명전환이라는 점에서는 특히 더
그러하였다. 따라서 낙랑군의 성격이나 실체에 관해서는 그동안
학자들 사이에 논의가 많았지만, 그러나 이 글의 주제 관심사와

---

46) 《후한서》 권85, 동이열전75, 한, 2819.
　　　韓有三種 一曰馬韓 二曰辰韓 三曰弁辰 … 皆古之辰國也 馬韓最大 共立其種
　　　爲辰王.
　　　辰韓 耆老自言 秦之亡人 避苦役 適韓國 馬韓割東界地與之.
　　　주 10) 참조.
　　　欽定四庫全書 乾隆帝의 《御製文 二集》 三韓訂謬 ; 《欽定滿洲源流考》.
　　　御製 三韓訂謬, 이 《欽定滿洲源流考》는 근년에 李炳柱 교수의 감수 南周成
　　　선생의 주석본이 나와서 참고하기에 편하다.
　　　《한서》 권28 하, 지리지 제8하, 1626~1627.
　　　《후한서》 권85, 군국5, 3529.

관련해서는, 아직 명쾌한 정론이 찾아지지 않고 있는 듯하다.[47)]

그러므로 이곳에서는, 기왕의 연구 성과를 종합 고찰하는 가운데, 한사군, 특히 낙랑군과 당시의 한민족의 문명전환 정책과의 상관관

---

47) 손진태,《조선민족사개론》(을유문화사, 1948), 90~99.

김원룡,〈삼국시대의 개시에 관한 일고찰 ―삼국사기와 낙랑군에 대한 재검토―〉《동아문화》7(1967) ;《한국고고학연구》(일지사, 1987).

이기동,〈한의 군현 설치와 그 변천〉《한국사강좌》I 고대편(일조각, 1982).

김한규,《고대 중국적 세계질서연구》(일조각, 1982).

이종욱,《신라국가형성사연구》(일조각, 1982).

_____,〈고구려 초기의 정치적 성장과 대중국관계의 전개〉, 전해종 편,《동아사의 비교연구》(일조각, 1987).

권오중,〈낙랑군과 그 주변의 관부〉같은 책.

윤내현,〈한사군의 낙랑군과 평양의 낙랑〉《한국고대사신론》(일지사, 1986).

_____,〈열국시대의 시작과 변천〉〈최씨낙랑국의 건국과 흥망〉《한국열국사연구》(지식산업사, 2006).

이성규, ①〈한국 고대국가의 형성과 한자수용〉《한국고대사연구》32(2003).

_____, ②〈4세기 이후의 낙랑교군과 낙랑유민〉, 최소자 교수 정년기념 논총 간행위원회 편,《東아시아 역사속의 중국과 한국》(서해문집, 2005).

2007년 4월에는 한국고대사학회 제95회 정기발표회에서, 인천시립박물관의 윤용구 선생이 평양 낙랑지구에서 최근 발굴한, 낙랑목간(樂浪木簡)(기원전 45년)에 관하여 발표하였다. "〈새로 발견된 樂浪木簡―樂浪郡 初元四年 縣別戶口簿―〉,《한국고대사연구》46, 2007"새로운 통치 자료에 대한 소개였으므로 많은 학자들이 관심을 가졌다.

그런데 이 자료도 낙랑군의 군현으로서의 건재를 보여주는 것은 아니었다고 생각된다. 이것이 당시의 군현행정에 이용되고 있는 자료였다면, 무덤 속에 폐기 또는 은닉하였을 리가 없기 때문이다. 이 자료에 관해서는, 그것을 작성하였으면서도 그것을 이용할 수 없게 한, 정치사정이 무엇이었는지에 더 주목해야 할 것으로 생각된다.

계를 좀 더 검토하고 음미해야 할 것으로 생각된다.

2) 낙랑군의 실체와 한민족 문명전환과의 관계

■ 낙랑군 낙랑국의 병존과 문명전환의 정책방략

한나라가 멀리 떨어진 낙랑군(樂浪郡)을 군현제로 통치하기에는 어려움이 있었다고 하지만, 후한대의 그 군현의 지배영역 안에, 낙랑국(樂浪國)이라고 하는 정치의 실체가 존재하고 있었음(주 52 참조)은 이해하기 어려운 일이다. 그러나 이것이 일반론으로는 이해하기 어려운 일이라 하더라도, 그것이 낙랑군의 쇠퇴를 의미하거나, 낙랑국의 실재를 부정하는 논거가 되어서는 안 될 것으로 생각된다. 도리어 그러한 존재가 당시 낙랑군의 군현제로서의 성격의 실체를 잘 드러내는 것이 아닐까 생각된다.

중국은 결코 동진정책을 포기하지 않았으며, 그들은 때에 따라, 그 정책을 강온의 방법으로 수행하고 있었다. 강한 방법으로 한민족을 완전히 제압하여 그들을 중국 군현민화할 수 있으면 좋았고, 그렇지 못할 경우라도, 온건한 방법으로 그들을 달래어 중국의 천하체제에 편입시키고 변방의 울타리로 삼을 수 있으면 되었다. 동진정책은 유연한 방법으로 추진할 수도 있는 것이었다. 그들이 주변국을 복속시키는 방법은 다양하였다.[48]

---

48) 김한규, 《고대 중국적 세계질서연구》(일조각, 1982) 참조.

한민족과 한반도 정치세력들은 그 지배에서 탈출하여 재기할 수 있는 방법을 찾지 않으면 안 되었다. 그것은 되도록 신속하게 중국과 타협하고 중국문명을 수용함으로써, 국력을 키우고 고조선의 문화전통과 국가를 재건하는 일이 아닐 수 없었다. 그러기 위해서는 당시의 한반도 국가들에게, 중국문명 수용의 창구와 중개 역할을 할 담당자가 필요하였다. 그 위치로 보아 대동강 하구의 남포항과 낙랑국은 그 적임지 적임자이었다.

그리고 그렇게 할 경우에도, 한민족 정치세력들은 한편으로 중국문명을 받아들여 국가재건에 진력하면서도, 다른 한편으로는 한민족에게 자주성이 있음을 중국이나 중국인에게 분명하게 밝혀야만 하였다. 그리고 국력이 충실해지면 그 군현을 축출하면 되었다. 그러나 한민족의 이러한 문명전환의 자세와 정책방략이 어느 국가 어느 정치집단에게나 동질적으로 공감될 수 있는 것은 아니었다. 국가나 정치집단의 처한 입장의 차이에 따라서는, 혹은 적극적 급진적 혹은 소극적 점진적으로 가려는 차이가 있을 수 있고, 따라서 그들 내부에는 갈등이 있을 수 있었다.

이 같은 한민족의 중국문명 수용, 문명전환을 둘러싼 행동방략·정책방략이 두드러지게 표출된 곳은 평양을 중심으로 한 낙랑(樂浪)지역이었다. 이 낙랑지역에는 한나라의 낙랑군(樂浪郡)이 있었는데, 토착민 정치세력의 낙랑국(樂浪國)이 또한 세워져 있어서, 군(郡)과 국(國)이 한 지역에 공존하고 있었기 때문이다(주 52의 원문 참조). 그리고 이 지역에서는 낙랑국을 사이에 놓고 재지(在地) 토착 정치세력과 중국 군현세력이 정치적 경제적으로 대립하고 있었기 때문이다.

■ 중국 군현세력과 토착 정치세력의 충돌

낙랑지역에서 그러한 정책방략을 중심으로, 중국 및 중국 군현 세력과 그 토착 정치세력 사이에, 대립이 분명하게 드러나는 것은 후한(後漢)시기에 들어와서였다. 그것은 후한 광무제(光武帝) 건무 (建武) 6년(기원후 30년)의 일로서, 한사군(漢四郡)과 관련하여 말한 다면, 이때 이곳에서는 낙랑인·토인(樂浪人·土人) 왕조(王調)가 낙 랑군수 유헌(劉憲)을 살해하고, 자칭 대장군(大將軍)·낙랑태수(樂浪 太守)가 되어, 군(郡)을 장악하고 이를 근거로 하여 한나라에 불복 하는 반란을 일으키고 있었다.

① 六年 六月 … 初 樂浪人王調 據郡不服 秋 遣樂浪太守王遵擊之 郡吏殺調降.

② 土人王調殺郡守劉憲 自稱大將軍 樂浪太守. 建武六年(기원후 30 년) 光武遣太守王遵將兵擊之 至遼東闉與郡決曹史楊邑等 共殺調 迎遵 皆封爲列侯 闉獨讓爵 帝奇已徵之 道病卒.[49]

여기서 왕조(王調)를 낙랑인(樂浪人) 토인(土人)이라고 한 것을 보 면, 이 사건은, 낙랑군의 조세수탈 등에 대한, 이 지역 군민들의 단순

---

49) 《후한서》 권1 하, 광무제기1 하, 6년(기원후 30년).
　　《후한서》 권76, 순리열전66, 王景.

한 항쟁이나, 낙랑 토착민의 한나라에 대한 민족적 항쟁은 아니었으며, 정치지배층들의 항쟁이었다는 점에서, 더 큰 목표 이를테면 낙랑군의 경제권·통치권을 탈취코자 하는 정치적 변란이었다고 생각된다.

토인은 토착민일 터인데, 그 토착민으로서 낙랑인이라는 표현은 이 지역에 적을 둔 사람이라는 뜻이지만, 동시에 큰 경제권을 장악한—이를테면 대토지 소유자 남포항의 운영을 지배하는 객주—정치세력 지배세력을 나타내는 표현이라고 생각되기 때문이다. 그러한 재지 정치세력으로서의 왕조(王調)는, 아마도 전한말 후한초의 혼란기, 고조선 유민들의 국가재건운동의 시기를 기회삼아, 낙랑군 낙랑지역의 통치권을 장악하고, 이를 기반으로 가능하면 국가재건까지도 꾀하였던 것이 아닐까 생각된다.

이때의 왕조의 변란·꿈은 후한 광무제가 낙랑태수(樂浪太守) 왕준(王遵)을 새로 임명하고, 장병을 파견하여 반란군[王調]을 토벌하며, 군리(郡吏) 가운데 핵심세력(②의 郡決曹史)과 낙랑군 협조세력이 이탈함으로써, 따라서 왕조의 지지 세력이 분열함으로써 무산되었지만, 그러나 이 일은 그 뒤의 이 지역 정치세력의 동향을 이해하는 데 중요한 의미를 제공한다고 하겠다.

그리고 그러한 점에서 후한 광무제는 낙랑군의 조직을 개편하고, 이 지역 정치세력의 구도도 재조정하였을 것으로 짐작된다. 반군현, 반중국의 재지 정치세력은 사전에 차단하는 것이 필요하였을 것이기 때문이다. 그럴 경우 그는 어렵지 않게 낙랑국을 활용하는 방안을 생각해낼 수 있었을 것이다.

■ 후한 광무제의 군현제 개혁

이와 함께 이때에는 도처에서 발생하는 민의 항쟁과도 관련, 후한 광무제는 농민시책을 재검토하지 않을 수 없었다. 그것은 그동안 계속되는 정복전쟁으로, 극도로 피폐해진 민생과 국가재정을 복구하기 위하여, 취하였던바 여러 대책과 관련이 있었다.

한나라에서는 그동안 군비확장과 용도부족을 메우기 위해, 민(民)에게 10분의 1세를 부과하고 있었는데, 광무제는 이를 구제(전한 초)대로 30분의 1세를 징수하도록 하였다. 그리고 경비절약을 위해 국가기구의 구조조정을 단행하였다. 전국의 일반 군현 가운데서 '4백여 현(縣)을 병생(幷省)하고 이직(吏職) 10분의 1을 감하였다'.[50]

한사군에 관해서도 그 일부인 '영동 7현의 낙랑동부도위'를 폐하였다. 이 현들을 한사군에서 제외하는 것이었다. 그러나 한나라는 이 7현을 아주 포기하는 것이 아니었다. 광무제(光武帝)는 이 7현에 대하여 다음과 같은 조치를 취하고 있었다.

> 建武六年(기원후 30년) 省(領東七縣)都尉官 棄嶺東地 悉封其渠帥爲 縣侯 皆歲時朝賀.[51]

그 현의 거수(渠帥)들에게 현후(縣侯)의 봉호봉작(封號封爵)을 주고 그들로 하여금 세시 때마다 조하(朝賀)토록 하는 것이었다. 행

---

50) 《후한서》 권1 하, 광무제기1 하, 6년(기원후 30년) 6, 12월.
51) 《후한서》 권85, 동이열전75, 예.

정구역상으로는 그 긴박에서 벗어났지만 정신적으로는 무거운 구속력을 받게 되는 것이었다. 중국의 천하체제에 순순히 들어가는 것이었다.

■ 광무제의 낙랑국 활용과 이 지역의 두 정치 세력

이 무렵에 등장하는 낙랑국(樂浪國)과 대방국(帶方國)은, 낙랑군 대방군과 관련, 그리고 한(漢)나라의 한(韓)민족 지배정책과 관련하여 특히 주목되는 존재이다. 이 두 나라는 본래 낙랑 대방사람들이, 고조선 지역에 수립한 한민족 열국 가운데 두 나라였다(주 47의 윤내현 교수 논문 참조). 그런데 그 뒤에 전개된 사건과 그에 대한 기록을 보면, 이들 국가는 완전한 독립국가가 아니라, 중국의 군현과 일정한 유대관계를 가진―어쩌면 중국의 지원 아래 수립된― 국가가 아니었을까 생각된다. 그것은 다음의 기록을 통해서 그렇게 짐작할 수 있다.

① 大武神王二十年(기원후 37년) 王襲樂浪 滅之 (여기서 樂浪은 樂浪國을 말한다.)

② 儒理尼師今十四年(기원후 37년) 高句麗王無恤 襲樂浪滅之 其國人五千來投 分居六部

③ 大武神王二十七年(기원후 44년) 秋九月 漢光武帝遣兵渡海 伐樂浪 取其地 爲郡縣 薩水已南屬漢

④ 基臨尼師今三年(기원후 300년) … 三月 至牛頭州 望祭太白山 樂浪帶方兩國 歸服[52]

이는 앞에 언급한 왕조(王調)의 반란사건 이후, 낙랑(樂浪)지역
─살수 이남 대동강 이북─과 대방(帶方)지역에서 일어난 정치적
사건을 열거한 것이다. ①은 고구려 대무신왕이 낙랑국을 기습 멸
망시키니, ②는 그 낙랑국의 민이 신라에 내투함에 이를 6부에 분
거케 하였다. ③은 그 7년 뒤에 후한 광무제가 군대를 파견하여,
원래 낙랑국이 있었던 지역을 새로 장악한 정치세력(신낙랑국, 아마
도 고구려 계통)을 토벌하고, 그 땅을 취하여 군현(郡縣)으로 삼으니
(낙랑군 재건) 살수 이남이 한나라에 속하게 되었다는 것이다. 한반
도에 대한 천하체제 구축의 재가동이었다. 그리고 그렇게 되니,
④는 고구려에게 멸망당하였던 낙랑국(樂浪國) 대방국(帶方國)도
(기술이 없지만) 복원되어 원래의 자기나라 지역으로 돌아갔다가,
낙랑군의 명(命)이 다해갈 무렵(기원후 313년)이 가까워지니 다시
신라로 돌아와 복속하였다(기원후 300년)는 것이다.

이로써 보면, 이때의 낙랑지역에는 두 계통 두 성향의 정치세

---

52) 《삼국사기》 권14, 고구려본기2, 대무신왕 20년.
　　《삼국사기》 권1, 신라본기1, 유리이사금 14년.
　　《삼국사기》 권14, 고구려본기2, 대무신왕 27년.
　　《삼국사기》 권2, 신라본기2, 기림이사금 3년.
　　최남선, 신정 《삼국유사》 권1, 기이 제2 낙랑국. 여기서는 낙랑국 조항 안
　　　　에서 낙랑군을 논하고 있다.
　　前漢時 始置樂浪郡 … 平壤城 古漢之樂浪郡也 … 赫居世三十年 樂浪人來投
　　高麗第三無恤王 伐樂浪滅之 其國人與帶方(北帶方) 投于羅 … 又百濟溫祚之
　　言 曰東有樂浪 北有靺鞨 則殆古漢時 樂浪郡之 屬縣之地也.
　　윤내현, 주 47)의 논문.

력이 있어서, 서로 경쟁 대립하고 있었던 것이라고 하겠다. 하나는 고조선 이래의 그들 고유의 정치성향을 지닌 고구려에 연계되는 반한(反漢)의 세력이고, 다른 하나는 한사군·중국에 연계되고 그 지원을 받고 있는, 그뿐만 아니라 어려운 상황에서는 신라의 지원과 보호도 받고 있는 세력이었다고 하겠다. 전자를 전통적 고유문명을 강조하고 중국에 대하여 자주성을 유지하려는 세력이었다고 한다면, 후자는 한사군의 낙랑군을 통해 중국문명을 급속히 수용함으로써 문명전환을 신속하게 수행하려는 세력이었다고 하겠다. 앞에서 든 왕조(王調)의 반란사건에서 볼 수 있었던 두 경향의 정치세력이 그 후의 낙랑국의 구조에도 그대로 이어지고 있는 것이었다.

■ 낙랑군과 낙랑국의 유대 협력관계, 지배 예속관계

그런데 여기서 우리가 특히 주목하게 되는 점은, 중국 낙랑군의 심장부(평양) 가까이에 그 태수가 직접 통치하는 현이 아니라, 재지 토착 정치세력이 통치하는 낙랑국이 존재한다는 사실이다. 그리고 어쩌면 낙랑군이 존재하는 지역에 낙랑국이 공존하거나 겹쳐 있는 것일 수도 있었겠다. 이는 군(郡)과 국(國)이 자연적으로 그리 형성되었던 것이 아니라, 인위적 정치적으로 그리 조성한 것이라고 보는 것이 옳겠다.

그렇다면 그것은 아마도 왕조(王調)의 반란으로 표출된, 낙랑지역민의 정권장악 의욕을 무마하고 해소시키며, 앞에서 언급한바, 국가재정의 긴축을 위한 조세징수의 경감 국가기구의 구조조정과도 관련, 경비절약도 겸하여, 후한 광무제의 낙랑군 통치정책이 특별히 구상해낸 묘안이 아니었을까 생각된다. 재지 정치세력이었던 왕조는 태수의 자리까지도 내놓으라고 하였는데, 중국 낙랑군으로서는 그렇게는 할 수 없고, 차선의 방법으로서 고안해낸 것이 낙랑군과 낙랑국이 공존하며 협력하는 방안이 아니었을까 짐작된다.

물론 그럴 경우 낙랑국은 외형상 자주국가이었을 것이고, 낙랑국과 낙랑군은 유대 협력관계를 유지한다는 것을 전제로 하였을 것이나, 내면적 실질적으로는 낙랑국은 낙랑군 태수의 지배 관리 아래에 있었을 것이다. 이러한 관계는 대방국과 대방군 사이에서도 마찬가지이었을 것이다.

그렇다면 그 군·국의 유대 협력관계는 구체적으로 어떠한 것이었을까? 우리는 그것을 몇 가지 측면에서 생각해볼 수 있겠다.

첫째는, 이 두 나라는 두 군현의 보호 지배 아래 있으면서, 낙랑지방과 대방지방의 토지와 민에 대한 통치권은 낙랑국과 대방국이 갖되, 낙랑군과 대방군은 그 두 나라로부터 일정액의 조세·역 또는 공납을 징수하는 관계에 있었을 것이라는 점이다.

둘째는, 당시의 한반도 여러 나라들에게는, 문명을 수용할 수 있는 새로운 창구가 절실히 필요하였을 터인데, 이 지방의 대동강 하구 남포항은 좋은 무역항이었으므로, 이 두 나라는 중국 군현과 연대하여, 중국과 한반도 국가들 사이에서 문물교류의 중개 역할을 하고 많은 이윤을 얻었을 것이며, 따라서 두 나라는 이에 대해서도 두 군에 대하여 일정한 비율의 이익분배나 납세를 하였을 것이라는 점이다.

셋째, 낙랑군과 대방군의 입장에서는, 되도록 그 지역민과의 충돌을 피하는 것이 필요하였고, 그러기 위해서는 두 군은 이 두 나라를 중국과 한민족 사이의 완충지대로 설치하고 적극 활용할 필요가 있지 않았을까, 그리고 그렇게 하는 것이 중국에게 통치비용을 절약할 수 있는 방법이 되지 않았을까 생각된다.

■ 군·국, 중국·한민족 여러 나라의 이해관계 충돌

그러나 이 같은 군(郡)·국(國)의 유대 협력관계 지배 예속관계는 결국 경제적 수탈관계를 의미하고, 문물교류의 중개 역할은 막대한 이윤이 얽힌 사업이었으므로, 두 나라와 중국 군현과의 사이에는 이해관계에 따른 갈등의식이 항상적으로 잠복해 있었을 것으로 생각된다. 그리고 두 나라는 재지 정치집단들로부터 중국의 매판 종속국으로 비판의 대상이 되기도 하였을 것이다. 그들이 존립의 입지가 어려워졌을 때, 신라로 망명하고 있었음은, 그러한 사정을 반영한다고 하겠다.

더욱이 군민(郡民-國民)의 저항과 탈출이 있어서 군(郡)·국(國)의 경제사정이 어려워질 경우에는, 수조권자 공납징수권자(군)의 횡포가 따를 수도 있었다. 그리고 그럴 경우에는 결국 중국과 한반도 정치집단 사이에 정치적 군사적 분쟁이 발생하지 않을 수 없었다. 그러한 분쟁은 수시로 일어났을 것이지만, 여기서는 몇몇 "국가차원 분쟁의 예"를 들어보기로 하겠다.

첫째, 앞에서 이미 언급한바, 고구려 대무신왕(大武神王)이 그

20년(기원후 37년)에 그러한 낙랑국을 기습 멸망시키게 되자, 이를 계기로 후한의 광무제(光武帝)가 그 7년 뒤(기원후 44년) 파병을 하되 바다를 건너와 낙랑지역을 정복하였음은 그 한 예이다. 살수 (薩水) 이남의 땅이 후한의 점령 아래 들게 되고, 그들의 낙랑군[樂浪郡]을 다시 설치하였다(주 52 참조).

둘째, 위의 광무제로부터 세월이 많이 흐른 뒤, 후한(後漢)의 환제(桓帝, 147~167)와 영제(靈帝, 168~188) 말년에는 한·예(韓·東濊)가 강성해져서 민이 많이 한으로 흘러들어가 군현의 형세를 유지하기 어려웠다. 헌제(獻帝)의 건안 연간(기원후 196~220)에 이르러 공손강(公孫康)이 낙랑군의 남부 둔유현(屯有縣) 이남 황지를 나누어 대방군(帶方郡)을 설치했으며, 공손모(公孫模) 장창(張敞)을 파견해 유민을 수집하고 흥병하여 한·예를 정벌했음도 그 예이다. 이때에는 군민이 더러 돌아왔다.53)

셋째, 그러나 위의 일은 위(魏)의 경초(景初, 237~239) 연간까지도 분쟁의 소지가 그대로 남아있었다. 명제(明帝)는 대방태수(帶方太守) 유흔(劉昕)과 낙랑태수(樂浪太守) 선우사(鮮于嗣)를 비밀히 파견하되 바다를 건너가 2군(낙랑군·대방군)의 혼란을 평정토록 하였는데, 이도 그 예가 되겠다.

이때 그들은 한(진한)국의 신지(臣智) 등에게 읍군(邑君)의 벼슬과 인수(印綬)를 더 내리고, 그 다음 서열 사람에게는 읍장(邑長)의

---

53)《삼국지》권30, 위서30, 오환 선비 동이전, 한.

벼슬을 내리며, 하호(下戶) 천여(千餘) 인에게는 자복(自服)·인수(印綬)·의책(衣幘)을 내림으로써 민심을 무마하고자 하였다. 낙랑군에게는 그 군이 본시 한을 지배[統]하고 있었던 것으로 잘못 이해하고 진한(辰韓)의 8국을 분할 수여하였다. 그러나 이것이 불씨가 되어 한의 신지 등 지배층이 격분하고, 마침내 한은 대방·낙랑 등과 전쟁을 하여 대방태수를 전사케 하였으나, 그 자신도 결국은 전쟁에 패하고 멸망하였다.[54]

이를 통해서 보면, 낙랑군과 대방군은 건재한 것 같다. 그렇지만 이때의 군현은 앞에서 언급한 바와 같이, 일반 백성·민을 통치하는 군현으로서 건재한 것이 아니었다. 군(郡) 자체로서는 자립이 어려울 정도로 허약한 상태임을 보여주고 있었다(주 47의 이기동 교수 논문 참조).

그러나 그 지배 아래에는 낙랑국·대방국이라고 하는 완충세력 협력세력이 공존하고, 비상사태가 발생했을 경우에는 본국에서 군사적 지원을 받고 있었다는, 3자 일체의 대 한반도 정책이라고 하는 관점에서 보면, 그 두 군은 당분간 건재하였다고 하겠다.

이는 중국이 그 천하체제 구축에서, 낙랑군·대방군 등을 통한 한민족에 대한 직접적인 군현통치(중국화)가 어려운 경우에도, 문명 수출기지로서의 두 군은 사수하고 있음이었다. 그리고 그런 가운데 한반도 정치세력—특히 신라—의 입장에서는, 두 군을 선진

---

54) 《삼국지》권30, 위서30, 오환 선비 동이전, 한.

중국문명을 수용할 수 있는 창구로서 적절히 이용하고 있음이었다고 하겠다. 낙랑군과 대방군의 실체는 이러한 것이었다.

3) 문명전환의 초기 충격을 넘기면서

■ 위기에 대응하는 문명상의 대책 필요

문명전환의 분수령으로 표현한, 후기고조선 말기 이래의 이 여러 세기 동안은, 한민족에게 그 흥망성쇠가 달려 있는 위기의 시기였다. 그리고 한민족이 살아남기 위해서는 그 방법을 강구하지 않으면 안 되는 시기였다.

한민족이 살아남을 수 있는 방법은 두 가지 길이 있을 수 있었다. 하나는 한민족이 단시일 안에 그 고유문명을 비약적으로 발전시킴으로써, 진·한제국에 견줄 만한, 그러나 진·한제국과는 다른 고조선 이래의 고유문명을 지닌 강대국가가 되는 길이었다. 그렇지만 이 일은 장구한 세월이 소요되는 일이었으므로 당장은 실현성이 없었다.

그리고 다른 하나는 현재의 상태에서, 고조선문명의 바탕 위에 중국문명을 수용하여 새로운 통합문명을 창출함으로써, 국력을 키워나가는 길이었다. 이는 문명전환의 방향을 설정하고, 점진적이지만 전통사회 전통국가의 시의에 맞지 않는 불합리한 부분을 개혁해나가는 방법이었다.

■ 대책은 문명전환과 점진적 개혁 ; 기자가한체제의 국가를 국왕체제의 국가로

그리하여 후기고조선 기자정권은 멸망—쇠퇴 남하—하기 직전, 이 후자의 방법에 따라, 문명전환을 거치면서 개혁을 달성하고자 하였다. 먼저 시도한 것은 정치제도로서, 종래의 국왕과 고위관료의 알타이어계 관직이나 관명을, 중국식 관직이나 관명을 참작하는 가운데, 왕(王) 대부(大夫) 박사(博士) 상(相) 경(卿) 대신(大臣) 장군(將軍) 비왕(裨王) 등으로 개혁하는 등, 점진적으로 국가체제를 개혁해나가고자 하였다.55) 이는 알타이어계 북방민족의 기자가한(箕子可汗)을 중심으로 하는 부족연맹제의 국가체제를 중국식 국왕권(國王權)을 중심으로 하는 집권관료제의 국가체제로 개혁하고자 함이었다. 문명전환의 방향제시이고 지침이었다.

후기고조선 기자정권이 쇠망할 때, 그 역사 문화의 전통을 계승하며, 그 고조선이 위치하였던 지역의 북쪽에서 등장한 나라는 부여였다. 부여(夫餘)는 그 선임 국가 후기고조선 기자정권이 제시한 문명전환의 방향제시와 지침을 따라, 개혁을 시도하고 있었다.

그리고 그 고조선 지역의 서남쪽에서 등장한 나라는 위만조선이었다. 위만조선(衛滿朝鮮)은 중국 연(燕)나라에서 그 문명을 지니고 위장 망명해온 위만(衛滿)집단이, 고조선의 국권을 찬탈하고 세운 국가였다. 위만은 국권을 찬탈한 뒤 한나라에 외신(外臣)이 될

---

55) 김광수, 〈고조선 관명의 계통적 이해〉《역사교육》56(1994).

것을 약속하고, 토착 정치세력(고조선 귀족)과 연대하여 '조선(朝鮮)' 국호를 그대로 유지하며 국가를 운영하였는데, 그 국가는 중국의 제도를 표본 삼아 이를 수용하며 문명전환을 적극 추진해나갔다.[56)]

■ 대책은 흩어진 민의 결집과 국가재건에서부터

한민족은 문명전환의 분수령이 되는 시기, 후기고조선 말기와 위만조선 및 한사군(기원후 313년 축출) 시기를 거치면서, 군사력을 배경으로 한 중국문명의 영향을 압도적으로 받고 있었다. 중국의 문명전환 정책은 천하체제 구축 정복사업을 통해서 이루어지고 있었다.

이때의 격동기는, 만주에서 한반도에 걸친 후기고조선이 다른 북방민족 알타이어계 여러 종족 민족과 함께, 군사적으로나 문화적으로 중국 중심의 천하체제에 편입되고 천하화 세계화할 것을 강요당하는 시기였다. 이는 한편으로 고조선문명, 알타이어계 문명이 중국문명 東아시아 문명으로 전환하게 되는 분수령의 시기

---

56) 부여와 위만조선에 대한 근년의 연구로는 다음의 연구를 참조.

　　김광수, 〈부여의 '대사'직〉《박영석교수 화갑기념 한국사학논총》 상(탐구당, 1976).

　　노태돈, 〈부여국의 경역과 그 변천〉《국사관논총》 4(국사편찬위원회, 1989)

　　국사편찬위원회, 《한국사》 4, 송호정 Ⅲ, 〈부여〉(1997).

　　김용섭, 〈고조선 기자정권의 쇠망과 그 유민의 국가재건 **—부여와 고구려의 경우—**〉(2015).

　　김정배, 〈위만조선과 철기문화의 개시문제〉《한국민족문화의 기원》(고려대학교 출판부, 1973).

　　최몽룡, 〈한국고대국가 형성에 대한 일고찰 —위만조선의 예—〉《김철준박사화갑기념 사학논총》(지식산업사, 1983).

　　윤내현, 〈위만조선의 재인식〉《한국고대사신론》(일지사, 1986).

이었으며, 다른 한편으로는 한민족과 그 고유문명이 완전히 소멸하고 중국화할 수도 있는 위기의 과정이었다.

이때 후기고조선의 후예들은 해일처럼 밀려오는 문명전환의 충격과 군사적 압력 침략 속에 속수무책이었다. 그 국가는 해체되고, 왕족과 귀족이 남하하여 겨우 진국의 여명을 유지하였다. 산업과 질서는 파괴되었으며, 영토는 침탈당하고, 정치지도층과 민은 결속을 잃는 가운데 많은 부분이 유망하였다.

그러므로 고조선 후예들이 문명의 전통을 되살리고 살아남기 위해서는, 무엇보다 먼저 흩어진 민과 정치세력을 결집하여 국가를 재건하고, 새로운 진로를 모색하지 않으면 안 되었다.

2. 고구려 · 백제 · 신라의 3국시기

■ 문명전환의 제1단계

문명전환의 충격에 대응하면서 한민족이 스스로의 판단에 따라, 새로운 진로를 모색하는 일은, 알타이어계 고조선문명에 중국문명을 수용하여 중세적 東아시아 문명으로 전환해나가는 일이었다. 이 일을 본격적으로 전개하게 되는 것은, 고구려·백제·신라의 3국이 두 가지 문제를 정리하고, 국가로서 안정을 찾게 되는 시기부터였다. 그러한 점에서 3국시기는 한민족 문명전환의 제1단계이었다.

그 하나는, 고구려의 경우, 고조선의 진국이 쇠망 남하한 뒤 크고 작은 여러 열국(列國)들이 등장하여, 고조선 이후의 혼란을 수습하고 정치주도권 장악을 위하여 경쟁을 하고 있었는데, 이를 통합하고, 신라·백제의 경우는, 옛 진국의 왕족 귀족의 남하로 조성된 삼한(三韓)지역의 중층적 정치구도를 청산하고, 여러 재지 정치세력 소국(小國)들을 그들 중심으로 통합 수습해야 했다. 남하한 진국(辰國)은 국가유지에 실패하고, 옛 시절의 고대적 사회구성 모순구조를 그대로 안고 있어서, 앞으로는 개혁의 대상이 될 국가였다.

3국의 형성은 이들을 하나로 통합은 못하였으나, 3국으로 나누어 통합함으로써, 민족문화의 진로를 어지간히 통일된 방향으로 마련해나갈 수 있도록 하였다.

그리고 다른 하나는 3국은 한사군이 활동하는 기간에 건국하였으므로, 초기 약 2, 3백 년 동안은 문명전환의 분수령의 혼란 속에서 한사군 특히 낙랑군과 공존하며 활동을 하였으며, 따라서 그동안에는 문명전환이 자주성을 지니기 어려웠다. 그 활동이 독자적이고 자주성을 지니기 위해서는, 외세의 개입을 차단하고 낙랑군을 축출할 필요가 있었다. 그 공존하는 동안은 문명전환이 차츰 준비되어가는 과정이었다고 하겠다.

1) 3국의 고조선유민 통합과 문명전환 원칙

■ 3국의 고조선유민·열국·소국 통합

고조선 말에서 3국 초에 걸친 중국의 동정 천하체제 구축을 거치면서, 고조선문명은 소멸되고 그 국가와 주민은 중국에 흡수되는가 싶었다. 그러나 이때 고조선유민들은 이에 승복하지 않았다. 그들은 재기하여 부여의 국가재건을 징검다리로 고구려를 재건하고 여러 열국 소국을 성립시켰다.57)

고조선·진국(辰國)의 왕실과 귀족 등 유민들은, 앞에서 언급한 바와 같이, 남하하여 마한(馬韓-원 진국의 주류세력)에서 안정을 찾고, 진한 육부(辰韓 六部)를 거쳐 삼한지역 정치사회의 소국들과 연계하여 신라를 발전시켰다. 부여·고구려 귀족의 일부는 남하하여 한성에 정착하였다가 마한지역으로 내려가, 그 기반 위에 그곳 소국들과 합세하여 백제를 건설하고 발전시켰다.58)

이 경우 진한(辰韓)의 기로(耆老)들은 스스로를 '秦之亡人'이라고 말하기도 하였지만, 이는 일부 유망민의 예이고, 중국의 사서

---

57) 윤내현, 주 47)의 논문 참조.
58) 이우성, 〈이조후기 근기학파에 있어서의 정통론의 전개〉《역사학보》
    31(1966).
   서의식, 〈"진한육촌(辰韓六村)"의 성격과 위치〉《신라문화》21(동국대학
    교, 2003).
   _____, 주 10)의 논문 및 《삼국사기》의 자료 참조.
   이현혜, 《삼한사회 형성과정 연구》(일조각, 1984).
   이종욱, 《신라국가형성사연구》(일조각, 1982).
   노중국, 《백제정치사연구》(일조각, 1988).
   강종훈, 〈백제 대륙진출설의 제문제〉《한국고대사논총》4(1992).
   국사편찬위원회, 《한국사》6, 삼국의 정치와 사회Ⅱ-백제(1995).
     권오영, 〈백제의 성립과 발전〉.
     유원재, 〈백제의 대외관계〉.

에 삼한(三韓)을 '皆古之辰國也'라던가 '辰韓者 古之辰國也'[59]라고 한 구절을 글자 그대로 읽어야 할 것으로 생각된다. 저자는 이 진국(辰國)을 앞에서 언급한바 기자조선의 직할국인 진국(辰國·별나라), 그리고 진한(辰韓)을 그 진국산하 6명의 칸(汗·韓)들 가운데 일원일 것으로 이해하고 있다. 그리하여 고조선의 국가는 멸망하였으나, 그 유민들은 극히 일부이지만 살아남아, 삼한지역에서도 그들의 옛 문명과 국가전통을 계승 발전시킬 수 있었다.

이 같은 소용돌이 속에서, 고구려는 낙랑국 지역과 여러 열국 소국들을 통합하고, 고조선문명의 여러 갈래의 역사적 흐름을 고구려문명으로 합류시켰으며, 낙랑군 대방군도 축출함으로써 중국문명 수용의 창구(대동강 하구 남포항)도 장악하였다.

남에서는 신라와 백제가 또한 진국·삼한의 굴레에서 벗어나, 그 지역 정치사회를 통합하고, 고조선문명의 흐름을 신라·백제문명으로 이어지게 하였다. 중국문명 수용을 위한 창구는 별도로 개척하지 않으면 아니 되었다. 신라는 한강 하류 서해안으로 진출하고, 백제는 진(晉)말에 중국 요서지역에다 2군(郡)을 설치할 수 있었다.* 그리하여 한민족은 명실상부한 3국시기를 열게 되었다.

* 백제의 요서지역 내 2군 설치에 관해서는 논의가 많지만─주 58의 《한국사》 6, 유원재 교수 논문 가운데 '백제의 요서영유(설)'─ 이는 다분히 중국이, 고구려의 요동지역 장악에 대비한 대책, 以夷制夷의 전략으로서, 번작(藩爵)을 받은 백제에게 그 설치를 종용하였던 것이 아닐까 사료된다.

---

59) 주 46)의 《후한서》 및 《삼국지》 권30, 위서30, 오환 선비 동이전, 한.

그러한 바탕 위에서 한민족의 3국은 중국의 동진정책에 문명전환의 차원에서 적극적인 대비책을 강구하지 않으면 안 되었다.

■ 3국의 중국에 대한 문명전환 차원 대비책

3국의 중국에 대한 대비책은 되도록 빨리 그들의 문명수준을 높이고 국력을 증진시키며, 무너진 고조선 이래의 생산기반을 재건함으로써, 사회질서 국가체제를 재정비하지 않으면 안 되는 일이었다. 이 경우 고조선이 그같이 쉽게 패망한 데는, 원인으로서 그 내부의 산업·과학기술·학문의 수준이 중국에 견주어 상대적으로 낙후하고, 사회구성 사회질서 국가체제의 구조적 결함도 크게 작용하였다고 보아야만 했다.

그러므로 3국의 체제정비는 산업·기술·학문을 발전시키고, 고조선사회의 고대적 수직형 사회질서의 모순구조를 개혁하며, 국가체제도 부족국가의 독자성이 강조되는 느슨한 연맹체 국가체제를 새로운 국왕권 중심의 집권관료체제로 개혁하지 않으면 안 되었다.

그리고 그러기 위해서는 무엇보다도 먼저 당시의 문명전환에 능동적으로 대응하되, 중국의 고대문명이나 중세문명을 선별적으로 적극 수용하고, 중국의 정치·경제·산업·사상을 배우는 것이 급선무이고 최선의 방법이었다. 3국은 중국과 대결하면서도 중국에서 배우며 성장하지 않으면 안 되었다. 때로는 이런저런 굴욕도 감내하지 않으면 안 되었다. 그리하여 이로부터 한민족에 대한 중국의 긴 세월에 걸친 문명전환의 압력 작용은 시작되었다.

■ 3국의 문명전환 원칙 ; 고조선문명의 바탕 위에 중국문명을 수용 재구성

그러나 이때의 한민족 3국의 문명전환은, 그들 자신의 태반문명인 고조선문명 전반을 일시에 버리고, 일거에 중국문명으로 교체하거나 중국식으로 국가체제를 변혁하려는 것은 아니었다. 그것은 고조선문명의 바탕 위에 중국문명을 수용 통합하려는 것이었다.

가령 고구려에서는 초기의 국가체제 확립에서, 그들 고유의 고위 관직인 상가(相加)·대로(對盧) 등을 전통적으로 가장 우세한 재지 정치집단의 장으로서 임명하고 있었다. 그리고 신라에서는 고조선유민들이 남하하여 진한(辰韓)을 세웠을 때, 처음에는 소국인 사로국(斯盧國)으로 출발하였으나, 진한 육부(辰韓 六部)의 건설을 거쳐, 마침내는 진한(칸)을 대신해서 그 전 영역을 신라가 지배하게 되었는데, 그 국가구조를 토착사회의 정치세력을 누층적(累層的) 또는 이중용립(二重聳立)으로 구성하고 있었다.

이는 결국 고조선 이래의 전통적 정치구조를 바탕으로 하면서, 중국의 제도를 참작하여 재구성하고 있음이었다고 하겠다.[60] 힘

---

60) 김광수, 〈고구려의 '국상'직〉《이원순교수정년기념 역사학논총》(교학사, 1991).

김철준, 〈고구려·신라의 관계조직의 성립과정〉《이병도박사화갑기념논총》(일조각, 1956).

_____, 《한국고대사회연구》(지식산업사, 1975).

이기동, 〈연맹왕국의 구조 ―사례 2, 부여와 고구려〉《한국사강좌》Ⅰ 고대편(일조각, 1982).

서의식, 주 10)의 논문.

있는 재지세력을 그대로 두고, 그들과 결속하여 새로운 국가체제
를 이루는 방법이었다.

3국에서는 객관적 정치정세의 변동으로, 그리고 그들의 필요에
따라 중국의 선진문명을 수용하고 문명전환을 하게는 되었지만,
그들은 자기문명 자기전통을 놓치지 않으려 하였으며 그 정체성
을 살려나가고자 하였다. 이때의 한민족은 고조선 이래로, 그들의
고대사회, 고대국가를 발전시켜온 역사적 경험이 있고, 알타이어
계 북방민족으로서의 고유문명이 내재하고 있었으므로, 이 같은
문명전환의 원칙과 자세를 지니게 되는 것은 자연스러웠다.

이러한 기반 위에서 3국의 그 후의 문명전환 정책은, 그 후손들
이 한민족의 고유문명과 중국문명을 종합해서 새로운 통합문명을
창출할 수 있도록, 진로를 열어나가는 것이 되었다.

■ 문명전환에서 신·구문명의 균형문제

그렇지만 그렇기 때문에, 그 문명전환은 시대·국가·정책입안자
등 상황과 주체에 따라, 그 수준 심도에 차이가 있었다. 새로 받아
들이는 중국문명과 전통적인 고유문명 가운데 어느 쪽에 중점을
둘 것인지, 그리고 그것을 어떻게 조화시켜나갈 것인지, 신·구문
명 신·구사상의 균형문제를 놓고 갈등과 고민이 따르지 않을 수
없었다. 그러므로 그 문명의 전환은, 東아시아 문명의 성숙도, 중
국 중심 천하관이나 천하체제의 성격의 변동과정과도 관련하여,

서의식, 《신라의 정치구조와 신분편제》(2010, 혜안) 참조.

국가정책으로서 장기간에 걸쳐 점진적 단계적으로 추진되지 않을
수 없었다.

2) 3국의 새로운 국가체제 확립을 위한 문명전환 정책

■ 새로운 국가체제는 시대상황 사회조건에 맞게

3국의 문명전환 원칙이 위와 같은 것이었다면, 그것은 3국이 그
들의 새로운 국가를 당시의 시대상황 사회조건에 맞게, 건설하고
자 함이었다고 하겠다. 문명전환의 물결은 시시각각으로 밀려오
는데, 이를 거부하고 전통문명만을 고집하면 문명세계에서 낙오
하게 마련이고, 중국문명의 수용만을 추구하면 민족 국가 문명 전
체가 조만간 중국화할 염려 또한 없지 않은 것이었다. 그러한 점
에서 이때의 3국의 문명전환 원칙은, 자기문명의 보전을 전제로
한, 전진적 자세의 정책이었다고 하겠다.

그러한 예는 고조선의 후예인 고구려의 경우에서 구체적으로
살필 수 있다. 고구려는 문명전환의 분수령을 거치면서, 고조선유
민의 일원으로서, 옛 고조선유민을 대통합하고 낙랑군도 축출하
였으므로, 다시 말하면 원래의 고조선지역에서는 고조선유민들이
고구려의 이름으로 국가를 재건하였으므로, 그곳에서는 고조선
이래의 전통적인 국가 문명이 그대로 재건될 수도 있었다.

그러나 고조선유민들의 이러한 국가와 문명의 재건이, 고조선
시기 국가나 문명 그대로의 재건이거나 복귀는 아니었다. 역사

는 발전하고 사회는 변하게 마련이므로, 국가와 문명의 재건이 옛것 그대로일 수는 없었다. 하물며 고조선은 망국의 책임을 물어야 할 대상이고, 그 국가체제 사회질서는 개혁의 대상이기도 하였다. 그러므로 재건되는 국가를 그 고조선과 같이 할 수는 없었다. 새로 건설해야 할 국가는 새로운 시대상황에 맞도록 설계되어야 했다. 그뿐만 아니라 그 사이에는 수백 년에 걸쳐 중국문명과 교류가 있었는데, 그 문명의 유용성은 국가를 재건한 뒤에도 그대로 확인되고 있었다.

이때의 3국은 이미 중국의 천하체제 東아시아 문명권 속에 깊숙이 들어와 있었으므로, 중국문명의 수용을 피해갈 수는 없었다. 중국문명의 수용은 필수적이었다. 그러므로 이때의 문명전환에서 문제가 되는 것은 수용해야 할 문명 그 자체가 아니라, 오히려 그같이 문명전환을 해야 하는 가운데서, 우리 자신의 고유문명은 어떻게 해야 지켜나갈 수 있을까 하는 점이었다.

우리는 이와 관련하여 3국의 문명전환 정책의 실제는 어떠하였는지, 몇 가지 국면에서 좀 더 살피는 것이 필요하겠다.

■ **3국의 문명전환 정책 ; 중국의 문자·사상·정치제도 수용**

고구려·백제·신라는 국가를 새로운 체제로 확립하고 운영하려 하였다. 그러기 위해서는 거기에 상응하는 국가의 틀과 그것을 운영하는 이론과 방법이 필요한데, 3국에서는 그것을 중국에서 수용하였다.

이를테면, 국가운영에서 필수 불가결한 것은 문자(文字)인데, 고구려·백제·신라의 3국에서는 고조선문자(가령 있었다면) 또는 그들

자신의 문자를 학문적으로 연구 개발하여 사용하는 것이 아니라,
중국의 문자 한자(漢字)를 수용하여 쓰고 있었다. 이는 문명전환의
가장 큰 상징적 표현이었다.

이 시대의 국가운영, 정치운영, 율령(律令)의 반포도 이 문자를 쓰
는 것이 효율적인 까닭이었다. 3국은 유교와 불교·도교 등의 사상도
받아들였는데, 이도 한자로 기록된 것이었다.[61] 고구려에서는 새로
이 태학(太學)을 설립하고 유교교육을 하기도 하고, 부족사회 이래
의 미성년자 집회를 경당(扃堂)으로 개편하여 유교교육을 하기도 하
였다. 신라의 화랑(花郞)도 마찬가지였다.[62] 역사서술이나 비문(碑

---

61) 김철준, 〈삼국시대의 예속과 유교사상〉《대동문화연구》 6·7(1971) ;《한
　　　국고대사회연구》(지식산업사, 1975).

　　이기백, 〈삼국시대 불교 수용과 그 사회적 의의〉《역사학보》 6(1954) ;
　　　《신라사상사연구》(일조각, 1986).

　　_____, 〈유교 수용의 초기형태〉《한국민족사상사대계》 2(1973) ;《신라
　　　사상사연구》(일조각, 1986).

　　이기동, 〈삼국의 문화〉《한국사강좌》 Ⅰ 고대편(일조각, 1982), 258~262.

　　정구복, 〈유학과 역사학〉《한국사》 8 삼국의 문화(국사편찬위원회, 1998).

　　신종원·양은용, 〈불교와 도교〉 같은 책.

　　_____, 《신라초기불교사연구》(민족사, 1992).

　　차주환, 《한국의 도교사상》(동화출판공사, 1984).

　　한국도교사상연구회, 《도교와 한국사상》(아세아문화사, 1987).

　　송기호, 〈고대의 문자생활 ―비교와 시기구분〉《강좌 한국고대사》 제5권
　　　문자생활과 역사서의 편찬(가락국사적개발원, 2002).

　　이성규, 주 47)의 ①논문.

62) 이기백, 〈고구려의 경당 ―한국고대국가에서의 미성년집회의 일 유산〉《역
　　　사학보》 35·36(1967).

　　_____, 〈원시공동체사회와 그 문화〉《한국사강좌》 Ⅰ 고대편(일조각, 1982),

文) 등도 한자로 기술하였다.[63] 한자로 표기가 안 되는 것은 이두(吏讀)·향찰(鄕札)·구결(口訣) 등을 마련하여 이용하였다.[64]

3국은 이미 東아시아 문명권 속에서 중국문명 유교사상을 경쟁적으로 수용하는 가운데, 고조선의 정치에서 벗어나, 시차를 두고 차츰 유교사상을 바탕으로 한 중세 봉건국가로 전환해나가고 있었다. 이 사상을 바탕으로 하여 관부제(官府制), 군현제(郡縣制)를 제정하고 왕도정치(王道政治)의 구현을 지향하고도 있었다.[65]

이 같은 중국문명의 수용에서는 물질문명 과학기술의 수용이 빠질 수 없었다. 이를 통해 3국에서는 철(鐵)의 생산이 더욱 발전하고 확대되었으며, 고조선 말기의 리경(犁耕)농업을 이어서, 심경농구(深耕農具) 보습 쟁기[犁]의 대량 공급과 우경(牛耕)농업이 보편화되었다.[66] 그리고 이를 바탕으로 하여서는, 지주전호제(地主佃戶

18.
이기백, 주 61)의 논문.
이기동, 〈귀족국가의 형성과 발전〉《한국사강좌》Ⅰ 고대편(일조각, 1982), 229~239.
_____, 〈신라 화랑도의 기원에 대한 일고찰〉〈신라 화랑도의 사회학적 고찰〉《신라 골품제사회와 화랑도》(한국연구원, 1980).
63) 李進熙, 《廣開土王陵碑の研究》(吉川弘文館, 1972).
64) 류 열, 《세나라시기의 리두에 대한 연구》(과학·백과사전출판사, 1983).
   남풍현·황패강, 〈문화, 이두와 언어, 향가〉《한국사》9 통일신라(국사편찬위원회, 1998).
   심재기, 〈문화, 문자와 언어〉《한국사》17 고려전기의 교육과 문화(국사편찬위원회, 1994).
65) 이희덕, 《한국고대 자연관과 왕도정치》(한국연구원, 1994) ; (혜안, 1999).

制)와 자경소농층(自耕小農層)을 축으로 하는 중세 봉건사회의 경제
제도가 탄탄하게 확립될 수 있었다.

이 기간에 중국에서는 대혼란이 일어나고 있었다. 기원후 3세
기에 한(漢)제국이 무너지고, 5호16국과 남북조의 분열기에 접어
들면서, 윤곽만 세워져 있었던 천하체제는 구심점을 잃게 되었다.
그 뒤 6세기 말까지 계속된 이 분열기 동안 중국문명의 확산은 중
심부의 기획 없이 주변세력의 수요에 따라 진행되었다.

그러므로 이 기간에 고구려·백제·신라의 3국은 그들의 국가체
제를 비교적 안정적으로 유지하면서, 중국의 큰 압력 없이, 정치·
경제·사상 등 중국문명의 핵심을 자유롭게 받아들이는 가운데, 중
국과 동일한 중세 봉건국가 유교국가를 건설해나갈 수도 있었다.

■ 3국의 중국문명 수용 ; 고조선문명의 정신적 바탕 위에

그렇지만 이때의 3국은 그렇게 하지 않았다. 그렇게 할 수도 없
었다. 그들의 중국문명 수용은 자신의 모든 것을 버리고 중국의 모
든 것으로 대체하려는 것이 아니었다. 이들 3국은 각각 다소의 차
이는 있었지만, 그들 자신의 고유문명, 정신적 지주를 그대로 유지
하면서, 그 위에다 중국문명을 받아들이고 통합하려 하였다.

이를테면 고구려의 경우, 앞에서 언급한 바와 같이, 여러 가지

---

66) 《삼국사기》 권4, 신라본기4, 지증마립간 3년(기원후 502년)에 '分命州郡
　　主勸農 始用牛耕'이라고 하였음은 그 상징적 기술이 되겠다. 이 경우의 牛
　　耕은 보통의 犁耜耕이 아니라 深耕과 발토가 가능한 大鑱犁 深耕犁를 이용
　　한 우경을 말하는 것으로 이해된다.

국가적 제례(祭禮)행사가 있는 가운데, 일신(日神)과 기자가한신 (箕子可汗神)에 대한 제사가 있었음은 그것을 말해준다. 전자는 하 늘에서 내려온 환웅(桓雄)과 함께 그의 아들 전기고조선의 개국시 조 단군(壇君·檀君) '하늘[天] 카한' '햇님[日] 카한'에 대한 제사이 고, 후자는 후기고조선 기자조선의 중흥시조 '기자가한(箕子可汗)' '별님 카한'에 대한 제사이었다(주 22 참조).

그들 고구려인은 고조선 이래로 하늘[天]을 숭배하는 민족이었으 므로, 그 개국 사정에 대한 신심이나 자존심을 그들 대왕들의 고분 벽화에, 그러한 하늘[天]의 구도, 일월성신(日月星辰)을 그려 넣는 것 으로서 표현하고도 있었다(〈장천 1호분 천장 별 그림〉).

이는 요컨대 고구려인이 고조선문명의 정신을 바탕으로 하면 서, 중국의 실용적 합리적인 문명을 받아들이고자 하는 자세를 표 현함이었다고 하겠다.

백제에서는 포괄적으로 천(天)과 오제(五帝)의 신[五行之神─北極 五星·北辰 가운데 庶子와 관련]에 제사를 지냈다.

그리고 신라의 경우에도 국가행사로서의 여러 제례가 있는 가 운데, 지극히 형식화하고 격이 낮추어지기는 하였지만, 해와 달 [日·月], 오성(五星─五行之精, 五星은 北極五星·北辰 가운데 庶子와 관련), 풍백(風伯)·우사(雨師─雲師는 이에 포함시킨 듯) 등에 대한 제사를 지 내고 있었다. 첨성대(瞻星臺)는 이러한 제례와 적지 않이 관련이 있을 것으로 생각된다.

이는 모두 고조선을 건설하였던 개국시조와 그 부족집단을 상

징하는 별들과 관련된 제사였다. 백제·신라인들도 고조선 또는 전
통문명을 잊지 않는 정신적 바탕 위에서, 중국문명을 받아들이고
새 국가를 건설하고 있었음을 반영하는 것이었다.

그뿐만 아니라 신라에서는 건국 후 중국의 문물을 많이 받아들
이면서도, 한동안 국왕을 그들 고유의 칭호로—거서간(居西干)·차
차웅(次次雄)·이사금(尼師今)·마립간(麻立干)— 일컬었는데, 이도 전
통적인 정치체제, 정신적 지주를 바탕으로 하면서, 그 위에다 중국
문명을 받아들이고 있음이었다.[67]

■ 3국의 중국문명 수용 : 전통적 제도 관습의 바탕 위에

그러나 무엇보다도 3국이 전통적인 고유문명을 유지하려고
노력한 흔적은, 국가가 관부제, 관료제를 체계화한 뒤에도, 고구
려의 수상 대대로(大對盧) 선출, 백제의 재상 좌평(佐平) 선출, 신
라의 왕위(王位) 계승 등 국가 중대사의 결정을, 귀족들의 합좌제
도(合坐制度)나 합의제(合議制), 신라의 경우라면 화백(和白)회의
로서 결정하고 있는 데 선명하게 남아 있다. 이는 고조선 이래의

---

67) 《삼국사기》권32, 잡지1, 제사, 신라·고구려·백제.
　　최광식, 《고대 한국의 국가와 제사》(한길사, 1994).
　　나희라, 《신라의 국가제사》(지식산업사, 2003).
　　서영대, 〈제2장 국가제사, 제1절 백제의 천신숭배〉《백제의 제의와 종교》
　　　(백제문화사대계 연구총서 13, 2007).
　　이기백, 〈원시공동체사회와 그 문화〉《한국사강좌》Ⅰ 고대편(일조각, 1982),
　　　22.
　　이기동, 〈성읍국가와 연맹왕국〉〈귀족국가의 형성과 발전〉같은 책, 103,
　　　149, 152.

전통적인 합의제 귀족정치의 운영방식을, 중국식으로 문명전환을 하면서도 그대로 살리고 있는 것으로, 이 시기 정치발달의 특징과 단계성을 보여주는 것이었다.[68]

3국의 문명전환은 모두 고조선 이래의 고유한 언어·관습·제도를 되도록 그대로 유지하려 하였으며, 그것을 사회발전 정치발전의 정도에 따라 조정하되, 그러한 위에서 중국문명을 받아들이며 제도화하는 것이었다. 그것은 고유문명·고유제도·고유용어의 이용을 전제로 하면서, 그 부족한 부분을 중국문명으로 보완하거나, 예로부터의 고유한 제도를 중국식으로 개량하는 소극적인 것이었다.[69]

3국의 중국문명 수용의 자세는 제한적이었으며 그러한 점에서 공통이었다. 후기고조선에서 보여준 문명전환의 방향제시와 근본적으로 다르지 않았다.

이때의 한민족의 문명전환은 문명이라고는 아무것도 없는 미개한 단계에서 중국문명을 처음으로 받아들이는 것이 아니라, 이미 고대국가를 성립·발전시키고 있었던 고조선이, 그 독자적인 알타이어계 문명, 고조선문명의 바탕 위에 이질적인 중국문명을 받아

---

68) 이병도, 〈고대남당고 —원시집회소와 남당〉《서울대학교 논문집 인문사회
　　과학》 1(1954) ;《한국사논문선집》 2 고대편(일조각, 1976).
　　이기동, 〈귀족국가의 형성과 발전〉〈통일신라와 발해의 사회〉《한국사강
　　좌》Ⅰ 고대편(일조각, 1982), 224~225, 308.
69) 이병도, 이기동, 주 68)의 논문 및 이기백, 〈대등고〉《역사학보》 17·18(1962)
　　 ;《신라정치사회사연구》(일조각, 1974).
　　김광수, 〈신라 관명 "대등"의 속성과 그 사적 전개〉《역사교육》 59(1996)
　　참조.

들이는 것이었으므로, 거기에 세워지는 제도는 그만큼 복잡하고 난해하며 그 문명전환은 그만큼 어려웠다.

3) 3국의 중국문명 수용에서 정치적 자세의 차이

■ 고구려 대등의식, 신라·백제 유연자세

그러나 그러면서도 이들 3국이 중국문명을 수용하는 정치적 자세에는 큰 차이가 있었다. 그것은 3국 사이의 정치적 대립관계와도 관련되는 것이지만, 3국은 중국문명 수용과 표리관계가 되는, 중국 중심의 천하관이나 천하체제, 따라서 현실 정치문제에 대해서는, 현저한 자세의 차이를 드러내고 있었다. 신라·백제, 특히 신라는 중국에 대하여 비교적 유연한 자세를 보이고 있었는데, 고구려는 그것을 거부하였을 뿐만 아니라 중국과 대등하고자 하였다. 그러한 분위기는 이미 살핀바 양국의 낙랑국·낙랑군에 대한 자세에 잘 드러나고 있었다.

■ 고구려는 3국 가운데서 문명 선진국, 패권의식

고구려는 고조선 이래로 중국문명 수용의 기회가 많았고, 그 수용의 효과(문화발전) 또한 가장 앞서 있었다. 그뿐만 아니라 그 조상들(고조선인)의 역사·문화의 전통을 직접 계승함으로써, 중국에 대하여 당당하고 대등할 수 있는 자세나 정체성을 그대로 지닐 수 있었다. 그리하여 고구려는 성장하면서 고조선 이래의 하늘[天]의 후손임을 자부하고, 東北아시아의 패자가 되었을 때, 스스로의 천하관(天下觀)을 내세우고 신라·백제를 속민(屬民)으로 표현하였다.[70] 그리고 고구려는 6세기 말 수(隋)나라 당(唐)나라가 중국을 재통일할 무렵에는, 돌궐과 함께 중국 주변에서 중국에 대항할 수 있는 가장 강성한 '이적(夷狄)'의 나라가 되고 있었다.

■ 중국의 수·당, 고구려의 패권의식 불용 정벌

고구려의 이 같은 자세는, 東아시아 세계에서 정치적 군사적 패권을 장악하고, 천하체제를 다시 구축하고자 하는 수나라나 당나라에게는, 지극히 못마땅한 일이고 용납하기 어려운 일이었다. 따라서 수·당은 선행하는 여러 왕조와 마찬가지로 거듭 고구려 정벌에 나섰고, 고구려 또한 중국과 역사적 숙원관계가 되었다. 그리고 결국 고구려는 수·당의 대를 잇는 침략을 받는 가운데 멸망하고, 그 민은 많은 수가 중국화의 길을 걷게 되었다.

한편 이러한 사정은, 그 반면으로 중국의 신라·백제에 대한 외교관계가, 중국 대외정책의 중요한 축이 되게 하였고, 그 뒤 한반도 국가들은 새로운 정세의 압력 속에서 중국문명을 받아들이지 않을 수 없게 되었다.

■ 신라 당과 연맹, 문명전환에 새로운 기틀을 마련

더욱이 고구려와 중국의 이 같은 역사적 대결관계에서, 중국은 신라를 나·당(羅·唐)연합으로 적절히 이용하였다. 백제를 극복하려는 신라의 욕구와 고구려를 제거하려는 당나라의 욕구가 일치

---

70) 노태돈, 〈5세기 금석문에 보이는 고구려인의 천하관〉《한국사론》19(김철준박사 정년기념호, 1988).

하여 이루어진 전략적인 연합이었다. 이 나·당(羅·唐)연합은 그 뒤의 역사의 흐름으로 보아 한·중관계의 새로운 단계를 여는 계기가 되는 사건이었다고 하겠다. 신라는 중국을 거들고 중국과 연합하여 백제와 고구려를 멸망시켰으며, 그 결과로서 고구려와 백제의 영토와 민을 중국과 양분하였다. 그리고 그 결과로서, 신라는 중국의 천하체제에 더 깊숙이 밀착되고, 그 천하화 속에 들어가는 가운데, 그 문명을 적극 받아들이지 않으면 안 되었다.

3. 통일신라 ~ 고려중기

■ 문명전환의 제2단계

이 시기는, 수·당(隋·唐)의 고구려 정벌과 한반도 3국의 통일전쟁이 하나로 얽혀 전개되는 東아시아의 대전란기였다. 그리고 그 격동 속에서 살아남은 통일신라와, 그에 이어 고구려의 고지에서 흥기한 고려국가가 활동하는 시기였다. 한민족 문명전환의 제2단계이었다.

7세기 후반 고조선문명 계승의 주축이었던 고구려의 멸망으로, 고조선문명, 동방문명의 전통이 재편되었다. 고구려의 유산 가운데 서로 다른 측면을 신라와 발해가 계승하였다. 그리고 고려는 10세기 초 한반도의 고구려 고토에서 흥기하여 신라의 유산을 주축으로 발해의 유산도 일부 흡수하면서, 고구려의 뒤를 잇는 고조선문명, 동방문명의 계승자가 되었다.

한편 중국에서는 8세기 중엽 당(唐)나라가 쇠퇴하기 시작한 이래, 5대 10국의 혼란을 거쳐 송(宋)나라가 요(遼)나라와 금(金)나라의 압박을 받기까지, 천하체제의 구심력이 약화되어 있었다. 송나라 때, 그 이전의 분열된 5대 10국을 살았던 명재상 설거정(薛居正)은《구오대사》를 편찬하면서, 종래에 사이(四夷)나 외이(外夷)로 불리던 주변민족을 외국(外國)으로 표기하고 있었다.71) 5대 10국을 통해 외이와 자신을 재인식함이었다.

13세기 중엽까지 5백 년 동안 신라와 고려는 한반도 안에서 자유롭게 중세국가를 발전시킬 수 있었다. 이 기간에는 중국의 정치적 군사적 압력이 비교적 약한 상황이었기 때문에, 신라와 고려는 자신의 필요에 따라 그리고 필요한 만큼, 중국의 문물을 도입하며 고유한 국가·사회체제를 구축할 수 있었다.

1) 통일신라의 문명전환 정책과 그 실현의 난점

■ 통일신라 국가체제 확립을 위해 중국문명을 적극 도입

중국과 나·당 연합으로 전쟁을 수행한 신라는 당연한 논리로서 전후에는 중국문명을 더욱 적극적으로 수용하지 않을 수 없었다. 신라국가는 국학(國學·太學監)을 세우고 경학(經學) 중심의 유교교육을 하였으며, 그들이 학업을 마칠 때는 독서삼품과(讀書三品科)

---

71) 《구오대사》 권138, 외국열전2, 고려.

를 설치하고 경(經)·사(史)에 밝은 사람을 시험보아, 우선적으로 관직에 등용하려 하였다.72) 많은 사람들이 중국에 유학을 가서 유학과 불법을 공부하고 돌아왔다. 외국인에게 특별히 개방한 빈공과(賓貢科)에 합격하고 돌아오는 학생도 적지 않았다.73) 통일신라는 중세 유교국가의 건설을 지향하고 있었다.

국가의 정치제도도 일정하게 시세에 맞고 중국제도에 근접하도록 개혁하고자 하였다. 중앙의 정치제도는 합좌제도, 화백제도의 기능을 축소하고 집사부(執事部)의 기능을 강화했으며, 지방제도는 통일 후의 3국의 지방행정 구역을 하나의 원칙으로 재조정 통합하는 군현제(郡縣制)로 개편하였다. 이 두 제도의 개혁은, 결국 귀족세력과 지방세력을 견제하고 중앙집권적 관료체제를 확립하려는 것이었으므로, 되도록 철저할 필요가 있었다.74)

---

72) 이기백, 〈신라 골품제하의 유교적 정치이념〉《대동문화연구》 6·7(1970) ; 《신라사상사연구》(일조각, 1986).

　　＿＿＿, 〈통일신라와 발해의 문화〉《한국사강좌》Ⅰ 고대편(일조각, 1982), 385~389.

　　이성무, 〈독서삼품과〉《개정증보 한국의 과거제도》(집문당, 1994).

73) 신형식, 〈숙위학생고〉《역사교육》 11·12(1969).

　　＿＿＿, 〈대외관계, 당과의 (친선외교) 관계〉《한국사》 9 통일신라(국사편찬위원회, 1998).

　　＿＿＿, 〈문화, 유학과 역사편찬〉 같은 책.

　　김세윤, 〈신라하대 도당유학생에 대하여〉《한국사연구》 37(1982).

　　이기동, 〈신라하대 빈공급제자의 출현과 나당문인의 교환〉《전해종박사화갑기념 사학논총》(일조각, 1979).

74) 이기백, 〈통일신라의 통치조직〉《한국사강좌》Ⅰ 고대편(일조각, 1982), 326~339.

그러나 그러면서도 신라에서 단행한 중앙 정치기구의 개혁은, 발해가 중국제도의 틀을 —3성(省) 6부(部), 운영에는 차이가 있었지만—그대로 도입하여 국가체제를 정비한 것과는 달리, 전통적인 제도의 틀을 그대로 유지하면서 그 변화를 내면화하고 있을 뿐이었다. 신라는 남하한 정치세력으로(고조선 진국), 자기 자신과 전통적인 정치세력이 강인하게 존속하고 있는 가운데, 그들을 대상으로 하는 개혁을 뜻대로 하기는 쉽지 않았을 것이다.[75] 그래도 어느 정도 목적을 달성할 수 있었음은 시세의 도움이었다.

■ 통일신라에서 문명전환이 어려웠던 요인·갈등구조

문명전환을 위한 통일신라의 노력은 지대했지만, 그러나 그것이 순탄하게 진행될 수만은 없었다. 신라의 국가건설에도 적지 않은 고조선 유민이 참여하고 있었으며(주 46의《후한서》및 주 10, 58의 서의식 교수 논문 참조), 통일 뒤에는 다수의 백제·고구려 유민들이 흡수되어 신라의 민을 구성하였기 때문이었다.

그뿐만 아니라 신라에서는 통일 후 민족의 융합정책과 지식인 포용정책의 일환으로, 백제·고구려 유민 가운데서 관료·장군 등을 신라인과 약간의 차등을 두면서 신라 관등에 편입시키고 있었는데,[76] 그 고구려·백제계 지식인들도 본시 문명전환에는 적3

하일식,《신라 집권관료제 연구》(혜안, 2006).

75) 이기백,〈발해의 정치와 사회〉《한국사강좌》Ⅰ 고대편(일조각, 355~363.
    하일식,〈당 중심의 세계질서와 신라인의 자기인식〉《역사와 현실》
    37(2000).

76) 이호영,〈삼국통일의 역사적 의의, 민족융합의 문제〉《한국사》9 통일신

극적이었지만, 그러나 그들은 그 차별대우가 유쾌할 수 없었고, 그들의 정신적 고향인 고조선이나 고구려·백제의 문화전통을 쉽게 잊기 어려웠다.

더욱이 고구려의 고토 지역에서는 그 유민들이 말갈족(靺鞨族)과 연합하여 중국에 대항하며 발해(渤海)국을 건설하기도 하고, 여기저기서 국권 회복운동을 벌이고도 있었다. 한편 신라 안에서도 궁예(弓裔)와 같은 사람은, 왕년에 신라가 당에 원병을 청하여 고구려를 멸망시킴으로써, 평양의 구도(舊都)가 폐허가 되었음을 안타깝고 부당하게 생각하며, 신라에 보복할 것을 다짐하고도 있었다.77) 이는 신라의 지식인 사회에서는, 그들의 나라가 외세와 결합하여 같은 민족을 멸망시킨 통일방식에 대하여, 잘못된 것으로 판단하고 자책하는 사람이 있었음을 반영하는 것이었다.

東아시아의 대전란 통일전쟁이 끝난 뒤의 신라에서는, 그들이 3국통일의 주체가 되었으므로, 태평성세를 구가할 것 같았는데 그렇지 않았다. 신라사회의 정신세계 내면에는 심각한 갈등구조가 조성되고 있었다. 그것은 이 시기의 불교계의 동향을 통해서 그같이 이해할 수 있다. 이 시기의 신라 불교에서는 의상의 화엄종, 원

라(국사편찬위원회, 1998).
노태돈, 《삼국통일전쟁사》(서울대학교 출판부, 2009).
77) 《삼국사기》 권50, 열전10, 궁예.
(弓裔) … 天復元年辛酉 善宗自稱王 謂人曰 往者 新羅請兵於唐 以破高句麗 故平壤舊都 鞠爲茂草 吾必報其讐
김광수, 〈고려조의 고구려계승의식과 고조선인식〉《역사교육》 43(1988).

효의 화쟁(和諍)사상과 정토신앙, 법상종의 미륵신앙 등 마음〔心〕
을 다스리고 내세 구복(求福)을 기원하는 신앙이 크게 성행하고
있었는데, 이는 신라사회의 확대 발전에 따르는 사회혼란의 심화
에 말미암은 것이기도 하지만, 더 직접적으로는 통일전쟁이 가져
온 위와 같은 우려할 만한 세태를 치유하고자 함이었다고 하겠다.

그뿐만 아니라 3국시기 이래의 사회혼란은, 불교계로 하여금
전통신앙과 유착 토착화하여 신주신앙(神呪信仰)화하며, 삼밀(三
密)수행을 통해 즉신성불(卽身成佛)과 중생구제가 가능하다고 하
는, 새로운 밀교(密敎)를 수용하여 확산케 하고도 있었다.78)

물론 이들 신앙으로써 사회혼란이 치유되고 해소될 수 있었
던 것은 아니었다.

■ 통일신라의 민족 재분열과 신라정부의 조정 불능

그리하여 결국 신라의 통치력이 쇠약해졌을 때, 민심은 이반하
고, 백제 지역과 고구려 지역이었던 곳에서는, 민이 봉기하여 각

---

78) 이기백, 〈통일신라와 발해의 문화〉《한국사강좌》Ⅰ 고대편(일조각, 1982),
   371~383.
   _____, 〈신라 정토신앙의 기원〉《학술원논문집》인문·사회과학편, 19(1980).
   정병삼, 〈문화, 불교철학의 확립〉《한국사》9 통일신라(국사편찬위원회,
   1998), 360~416.
   서윤길, 《한국밀교사상사연구》(불광출판사, 1994).
   동국대학교 불교문화연구원 편, 《한국밀교사상》(1997).
      김영태, 〈삼국시대의 신주신앙〉.
      고익진, 〈신라밀교의 사상내용과 전개양상〉.
      장충식, 〈한국 불교미술의 밀교적 요소〉.

기 후백제와 후고구려를 건설하게 되었다. 통일신라의 후3국으로의 민족 재분열이었다. 그래서 이때 고구려 지역의 토착 정치세력은 궁예에게, 그들이 잘 알고 있는 고조선을 중심으로 한 한민족의 역사상의 광대한 지배영역에, 민족 통합국가를 세울 수 있는 정치쇄신의 방안을 제언하기도 하였다.[79]

이는 결국 신라의 문명전환 정책과 그에 따른 국가 건설 그리고 3국통일 방식에 문제가 있었음을 뜻하는 것이었다. 그러나 신라에서는, 이때 문명전환을 통해 새로 받아들이고 있는 중국문명과, 통일 뒤에도 고조선 이래의 전통적 문명을 생각하는 민심과의 갈등을, 어떻게 조정하고 조화시켜야 할 것인지, 그 적절한 방안을 찾지 못하고 있었다. 통일신라는 3국의 합의 없이 태어난 조생아였다.

2) 고려국가의 문명전환 정책과 고조선문명의 계승의식

■ 고려국가의 중국문명 수용정책 강화

고려에 들어와서는 중국문명, 유교사상을 수용하여 문명을 전환하려는 정부의 세계화정책이 한층 더 강화되었다. 무엇보다도

---

79) 《고려사》 권1, 세가 1, 태조 1.
　　乾寧三年丙辰 以郡歸于裔 … 世祖說裔曰 大王若欲王朝鮮肅愼卞韓之地 莫如
　　先城松岳 以吾長子爲其主.
　　김광수, 주 77)의 논문.

국초의 이런저런 과정을 거쳐 정부조직을 중국식인 3성(省) 6부 (部)제로 개편하였으며,[80] 교육기관으로서는 국자감(國子監), 동 서학당, 10학, 사학(私學)12도, 향교, 서경학교, 서재 등을 설치하 고 경·사 및 그 밖의 국가경영에 필요한 학문을 교육하였다.[81]

중국의 유교사상에 대한 연구가 심화됨에 따라서는 소화(小華) 주의를 내세우는 학자도 있게 되었다. 그리고 아직 문벌(門閥·蔭敍 制)이 더 중요시되고, 따라서 문명전환 정책에는 일정한 제약이 있었지만, 정식으로 과거(科擧)제도를 시행함으로써, 문예와 유교 경전을 시험보아 문반(文班)관리를 선발하였다. 문벌제도의 바탕 위에서 과거관료를 점진적으로 선발해나가는 정책이었다.[82] 정부 가 인종(仁宗)조에 국가사업으로서 수행한《삼국사기》의 편찬사 업도, 당시로서는 철저한 문명전환, 세계화정책에 바탕을 둔 전진 적 자세, 따라서 철저한 유가적 입장의 사업이었다.[83]

---

80) 변태섭,〈중앙의 정치조직, 중앙의 통치기구〉《한국사》13 고려전기의 정 치구조(국사편찬위원회, 1993).
　　이정훈,《고려전기 정치제도 연구》(혜안, 2007).
81) 신천식,〈교육, 중앙의 교육기관〉《한국사》17 고려전기의 교육과 문화 (국사편찬위원회, 1994).
　　송춘영,〈교육, 지방의 교육기관〉같은 책.
82) 허흥식,《고려과거제도사연구》(일조각, 1981).
　　박용운,〈관리 등용제도, 과거제〉《한국사》13 고려전기의 정치구조(국사 편찬위원회, 1993).
　　김용선,〈관리 등용제도, 음서제〉같은 책.
　　이성무,〈고려시대의 과거제〉《한국의 과거제도》(집문당, 1994).
83) 고병익,〈《삼국사기》에 있어서의 역사서술〉《김재원박사 회갑기념논총》

중국문명을 신속하게 받아들이고 발전시키기 위해서는 많은 중국의 서적을 구입하였으며, 도서를 널리 보급하기 위해서는 목판기술에 이어 금속활자도 개발하여 서적을 간행하였다. 그리하여 세월이 흐른 뒤 중국에서는 이미 없어져서 볼 수 없는 귀한 책도, 고려에서는 이를 구할 수 있어서, 중국이 역수입해가기도 하였다. 고려의 지식수준은 중국에 육박하게 되고, 중국의 문인들 가운데는, 고려사람들에게 책을 팔지 말자는 경계의 발언을 하는 사람도 있게 되었다.[84] 잘 아는 바와 같이 도자기무역이 활발하였던 것도 이때의 일이었다.

이제 이 시기에 이르러서는 유교사상을 중심으로 한 중국문명의 수용이, 제도적으로도 정착하고 문화교류의 면에서도 분위기가 조성되어서, 고려국가의 문명전환은 탄탄대로를 가듯 순조로울 것으로 예상되었다.

(1969) ;《동아 교섭사의 연구》(서울대학교 출판부, 1970).

이기백, 〈《삼국사기》론〉《문학과 지성》(1976. 11) ;《한국사학의 방향》(일조각, 1978).

정구복, 〈김부식과 《삼국사기》〉《한국중세사학사》Ⅰ (집문당, 1999).

신형식, 〈문화, 사서의 편찬, 《삼국사기》〉《한국사》 17 고려전기의 교육과 문화(국사편찬위원회, 1994).

84) 김상기, 〈송대에 있어서의 고려본의 유통에 대하여〉《동방사논총》(서울대학교출판부, 1974).

_____, 〈대각국사 의천에 대하여〉 같은 책, 213~214.

■ '고려' 국호로서 고구려·고조선문명 계승의식 표출

그러나 고려시기에도 문명전환이 그렇게 순탄할 수만은 없었다. 고려의 문명전환은 우리 고유문명의 계승 보존의식을 강하게 동반하고 있었기 때문이었다.

그것은 무엇보다도 신라 말년의 후삼국의 혼란을 수습하고 등장한 후고구려의 왕건이, 그 국호를 고려(高麗)라 하고, 그 정치이념을 고구려 계승의식으로 표방한 데서 짐작할 수 있다. 이는 그 국가건설의 주역들이, 옛 고구려 영토였던 지역의 고구려 유민들이 중심이 되고, 신라인으로서 반신라적이고 비판적인 사람들이 합세하여 세웠으므로, 그들이 그 국호를 고려라 하고, 그 국가를 옛 고구려국가를 계승하는 것으로 표방한 것은 자연스러운 일이었다.[85) 그들은 그 시조 동명왕을 받들어 제사를 지내기도 하였다.

그뿐만 아니라 고려국가는 고조선을 또한 고구려에 앞서는 선대 국가로 인식하고, 따라서 고구려를 고조선을 계승하는 국가로도 인식하고 있었다. 그 국가는 '통천관'을 쓴 태조 왕건상을 조상하여 봉은사에 모시고 경배를 하고도 있었다.[86) 이는 고려인의 일

---

85) 하현강, 〈고려시대의 역사계승의식〉《이화사학연구》 8(1975) ; 《한국중세사연구》(일조각, 1988).
　　김광수, 주 77)의 논문.
　　박용운, 〈국호 고구려·고려에 대한 일고찰〉《북방사논총》 1(고구려연구재단, 2004).
　　＿＿＿, 〈고려시기 사람들의 고려의 고구려계승의식〉《북방사논총》 2(고구려연구재단, 2004).
86) 김광수, 주 77)의 논문.

상적인 의식 속에, 하늘·천신앙과 관련된 고조선문명에 대한 계승

의식이, 그만큼 강하게 내재하고 있음이었고, 신라에서와는 달리,

흩어진 민심을 고조선과 그 전통사상을 통해 수습하고 결집하려

는, 국가의 문화정책이기도 하였다.

■ 불교계의 고구려·고조선문명과의 연계성

그뿐만 아니라 고려는 불교국가로서 불교승려의 지위는 높았

고, 연등회·팔관회·제석도량(제석도장) 등 각종 국가적 불교행사

가 정기적으로 열리는 가운데, 불교계의 영향력은 컸다. 이러한

불교와 그 승려 그 사찰이 고조선 및 고구려적인 문화전통과 연계

되고 있었다. 더욱이 제석도량은 고조선(단군조선) 이래의 전통적

인 하늘[天]신앙, 천신(天神)숭배를 불교의 제석(帝釋)신앙과 결합

한 것으로, 전통사상을 유지하려는 정치세력 및 민중사회와 긴밀

하게 연결될 수 있었다.[87]

고려 시기에는 전통적인 신앙이 노장사상 도교사상과도 연결되

는 가운데, 도참사상이 확산되고 있어서, 이는 유교적 합리주의를

바탕으로 한 중국문명 수용의 근거를 어렵게 하고 있었다.[88] 그러

노명호, 《고려 태조 왕건의 동상 : 황제제도·고구려 문화 전통의 형상화》
(지식산업사, 2011).

87) 홍윤식, 〈불교, 불교행사의 성행〉《한국사》 16 고려전기의 종교와 사상
(국사편찬위원회, 1994)
안지원, 〈제석도량의 사상적 배경과 기원〉《고려의 국가 불교의례와 문화》
(서울대학교 출판부, 2005)

88) 양은용·최창조·서영대, 〈도교 및 풍수지리·도참사상 민속종교〉《한국사》
16 고려전기의 종교와 사상(국사편찬위원회, 1994)

므로 인종(仁宗)조에는 제생(諸生)으로 하여금 노장학(老莊學)을 배우지 못하도록 금령을 내리기도 하였다.[89]

고려시기의 사상계는 신구(新舊)사상의 혼효 그것이었다.

■ 신·구문명 신·구사상계의 갈등·대립·충돌

전통적 고조선문명을 유지하려는 생각이 강하면 중국문명, 유교사상의 수용(세계화)이 그만큼 지체되고, 반대로 중국문명, 유교사상의 수용을 강행하려 하면 고조선문명의 전통은 그만큼 소외될 수밖에 없었다. 그런데 고려시기에는 문명전환에 따르는 이 두 사상의 흐름이 각각 그 정당성과 정체성을 강조하고 있었다. 그러므로 고려사회에서는 사상계가 두 경향, 두 흐름으로 갈리어 대립 충돌하지 않을 수 없었다.

그러므로 고려국가에게는, 중국문명을 수용 보급함으로써 고려의 문화를 발전시켜야 하는 것이 시급한 과제이기는 하였지만, 동시에 이 같은 상반된 입장의 사상계의 동향을 어떻게 조정할 것인가 하는 것이 또한 당면 과제가 되지 않을 수 없었다. 그럼에도 고려국가는 그러한 사상계의 갈등구조를 정책적으로 적절히 조정하지 못하고 있었다. 사상계 정치계의 충돌은 불가피하였다.

이를테면 서경(西京)천도운동과 묘청(妙淸)의 난은 그 두드러진 한 예이었다. 이는 국가발전을 중국의 유교사상, 세계화사상 일변

양은용, 〈고려시대의 도교와 불교〉《도교와 한국사상》(아세아문화사, 1994)

89) 《고려사》 권16, 세가16, 인종2, 인종 9년 3월, 상, 327.

으로 추진하고자 하는 경주(慶州) 중심의 유가적 정치세력과, 고
조선문명의 정체성과 고구려적인 정치이념을 지켜나가려는 서경
(西京 ; 平壤) 중심의 불가적 정치세력 사이의 갈등 대립이었다.[90]
이 후자는 불교와 결합되고 있어서 그 세력기반이 탄탄하였다.
그러므로 난이 진압된 뒤에도 사상계의 갈등구조는 좀처럼 해소
되기 어려웠다.

4. 고려말기 ~ 조선중기

■ 문명전환의 제3단계

이 시기는 고려말기에서 조선중기에 이르는 기간으로, 한민족
문명전환의 제3단계이었다. 우리 민족의 제1차 문명전환의 논리
가 완성되는 시기이기도 하였다.

■ 東아시아 역사의 격동, 몽골·원제국의 등장

이 기간에는 중국을 중심으로 한 東아시아 세계에 원(元)·명
(明)·후금(後金, 淸)제국이 교대로 굴기하며, 진·한(秦·漢)제국 때와
같은 또는 그 이상의 정치 군사적 격동기를 조성하였다. 중국 중
심의 천하체제가 조정 강화되고 재확립되었다. 몽골에서는 1206

---

90) 신채호, 〈조선역사상 1천년래 제1대사건〉《조선사연구초》(조선도서주식
　　회사, 1928).
　　김상기, 〈묘청의 천도운동과 칭제건원론에 대하여〉《동방사논총》(서울대
　　학교 출판부, 1974).

년 테무친이 칭기스한(Chingis Qan-成吉思汗)에 즉위하고, 그 뒤 아시아 여러 나라 및 이슬람 세계를 정복하였으며, 몽골·원(元)제국을 중심으로 4한국(汗國)을 건설하였다.

고려도 유린당하고 복속하였으며, 정동행성(征東行省) 심왕(瀋王)제도 등을 통해 정치적 간섭을 받기는 하였으나, 그 형제맹약 및 왕실과 몽골 황실과의 혼인관계 인척관계라고 하는 특수한 사정으로, 간섭을 받으면서도 국권은 유지할 수 있었다. 몽골에게는 장래의 일본원정을 의식했을 경우 고려의 군사력·인력·지적능력을 활용할 필요도 있었을 것이다.

몽골은 1271년 중국에서 국호를 원(元)으로 고치고, 역사에서 유례를 볼 수 없었던 몽골·원(元)제국으로서 천하를 통치하였다.[91]

그 뒤 1368년에는 중국인〔漢族〕의 명(明)나라가 원을 축출하고 등장하였으며, 1616년 이래로는 다시 여진족·만주족(女眞族·滿洲族)이 명을 압박하고, 결국에는 이를 멸망시키면서 후금(後金) 곧 청(淸)을 건설하였다. 이는 〈十全記〉로 상징되는, 중국 천하체제로서의 제국질서의 완성이었다.[92]

---

91) 韓儒林 主編, 陳得芝·邱樹森·丁國范·施一揆, 《元朝史》 上·下(人民出版社, 1986).

　　김호동, 〈몽골제국의 형성과 전개〉《강좌 중국사》 Ⅲ—사대부사회와 몽고제국—(지식산업사, 1989).

　　고병익, 〈몽고·고려의 형제맹약의 성격〉《백산학보》 6(1969) ;《동아교섭사의 연구》(서울대학교 출판부, 1970).

　　장동익·김구진, 〈여·원관계의 전개〉《한국사》 20, (국사편찬위원회, 1994)

92) 최정연·조영록·오금성·김두현·최갑순·조병한, 《강좌 중국사》Ⅳ—제국질

1) 고려국가의 몽골·원과의 관계 속 문명전환 정책

고려에서는 몽골·원(元)제국의 東아시아 문명권 지배 아래에서
도, 그 이전과 마찬가지로, 몽골·원(중국) 중심의 천하사상, 천하
체제 아래서의 문명전환 세계화정책을 그대로 받아들이고 추진하
였다. 그러므로 여기서는 몽골·원제국의 문명정책이 구체적으로
어떠하였는지부터 언급하는 것이 필요하겠다.

■ 몽골·원제국의 문명정책 ; 문명전환과 고유문명의 유지

몽골·원제국은 알타이어계 북방민족으로서, 고도한 문명국가
중국과 그 주변 세계를 정복하고, 천하를 지배하는 대제국이 되었
다. 그러므로 몽골·원제국은 대외적으로 그 국가들을 지배하고,
그 국제사회를 이끌어나갈 수 있는, 문명정책으로서의 이론과 방
법이 필요하였다. 몽골·원제국은 그것을 그 자신의 본래의 천하관
천하체제 지배관을 바탕으로 하면서, 거기에 그가 정복한 중국의
전통적인 유교적 천하사상 천하체제의 이론 방법을 결합한, 몽골·
원제국의 천하사상 천하체제로서 운영해나갔다.

그러나 이때의 몽골·원제국의 천하사상 천하체제는, 종전의 중
국인의 그것과 근본적으로 다른 바가 있었다. 종전에는 천하사상
천하체제 운영의 주체가 중국인〔漢人〕이었으나, 이때에는 몽골인

서의 완성—(지식산업사, 1989).

寺田隆信·增井經夫, 송정수 역, 《中華帝國の完成》-明·淸史-(문덕사,
1992).

이 주체가 되는 가운데, 그들이 천하를 지배하고 운영하는 것이었다. 몽골인에게는 본시 그들 고유의 천(天, Tengri)숭배사상 천하체제 지배관이 있었으므로, 그것이 어려운 문제는 아니었다.

몽골·원제국의 문명정책의 특징이 두드러지게 드러나는 것은, 중국 중국인을 통치하는 내정문제에서였다. 몽골·원제국은 이미 종전의 몽골인의 유목민 정복국가가 아니었다. 그들은 거기에서 벗어나 중국 중국인의 전통적인 농업국가 유교국가의 체제 안에 깊숙이 들어와 있었다. 그러므로 몽골인이 그 중국을 통치한다 하더라도, 그 통치이념 통치정책을 구래의 몽골식으로 크게 변동시킬 필요가 없었다.

그럴 경우, 몽골·원제국은 그들의 통치정책을, 과거의 중국인이 중국을 통치하듯 하면 되었다. 농업국가 유교국가의 틀을 그대로 유지하면서, 유교이념으로 몽골·원제국을 통치하는 것이었다. 전통적인 중국의 유교사상 특히 주자학(朱子學)을, 노재(魯齋 許衡)의 학으로 걸러, 국정교학(國定教學)으로 받아들이고, 이로써 민을 통치하고 국가를 운영해나갔다.

주자학은 몽골·원제국에서 국가이념을 제공하는 체제학으로 수용되고 있었다. 몽골·원제국에서는 이 같은 학문 사상을 심화시키기 위하여 만권당(萬卷堂)을 설치하고 학자를 양성하였다. 과거(科擧)제도도 시행하였다.[93]

---

93) 주채혁, 〈원 만권당의 설치와 고려유자〉《손보기박사 정년기념 한국사학논총》(지식산업사, 1988).

몽골은 중국을 정복하기는 하였으나, 그 한(汗)은 중국을 종래의 농업국가 체제로 그대로 유지하면서, 필요한 부분에 대해서만 개편하고 조정하였을 뿐, 종래와 마찬가지로 한법(漢法)으로 한지(漢地)를 다스렸다. 몽골은 전체 통치기구의 정치조직과 관료적·유교적 지배체제는 종래의 중국법을, 그들의 관습 생활면과 군사관계에서는 몽골의 전통적 관습법을 그대로 유지하며, 그 한(汗)은 스스로 천자(天子)가 되어 중국과 중국인을 통치하였다. 통치기구의 이중(二重)체제이었다. 그리고 주변국가에 대하여 그의 천하체제에 복속하고 천하화할 것을 강력히 요구하였다.

그러나 몽골이 천하사상 천하체제의 발원지 중국을 정복하고 지배하고는 있었지만, 그 중국 그 천하체제를 제대로 지배하고 운영하기 위해서는 중국문명을 알아야만 하였다. 그러므로 몽골은 스스로도 그 중국문명을 수용하여 통치자로서의 식견을 갖추지 않으면 안 되었다. 몽골은 군사적으로 정복자이면서, 문명상으로는 피정복자의 중국문명으로 문명전환을 하지 않을 수 없었다.

몽골·원의 이러한 통치정책은, 몽골이 스스로의 고유문명 관습도 유지하고 문명전환도 하면서 중국을 통치하려는 방안이기는 하였지만, 그러나 이러한 정책이 장기화하면, 문명 문화의 속성상(고급문명과 저급문명이 접촉하면 후자는 전자에 흡수된다) 몽골의 중국화를 면하기 어려운 것이었다. 그것은 무엇보다도 몽골에 앞서 중국을 정복한 북방민족의 역사가 잘 증명하는 바이었다.

그래서 금(金)나라는 중국을 정복하게 되었을 때, 여진(女眞)문자를 만들어 국자학에서 이를 교육도 하고, 이를 시험하는 과거 제도[進士科]도 시행했었다.

몽골은 이러한 사정을 잘 알고 있었다. 그러므로 몽골·원제국은 이때 중국문명으로 문명전환을 하면서도, 스스로의 고유 문명을 보존하고 발전시키기 위한 정책 또한 적극 추진하였다.

그들은 문명국가 중국을 통치하기 위해서, 중국의 정치·경제·사상을 통치기술로서 수용하였을 뿐이었으므로, 그러한 대책을 세우는 것이 어려운 일은 아니었다. 그리하여 몽골·원제국은 중국 문명의 큰 바다 속에서, 자신의 정체성을 놓치지 않기 위하여, 자신의 고유한 풍습을 그대로 유지하였음은 말할 것도 없고, 몽골문자를 만들고, 몽골역사(《원조비사》)를 편찬하는 등, 고유문명을 지키고 발전시키기 위한 문화정책을 동시에 취해나갔다. 이는 몽골방식의 문명전환이고 세계화이었다.[94]

---

94) 韓儒林 主編, 주 91)의 《원조사》 상·하.
　　남주성, 역주 흠정 《만주원류고》 하, 권17, 국속2(글모아출판, 2010).
　　고병익, 〈여대 정동행성의 연구〉《동아교섭사의 연구》(서울대학교 출판부, 1970).
　　____, 〈원대의 법제 ―몽고관습법과 중국법과의 상관성―〉 같은 책.
　　주채혁, 《원조관인층연구》(정음사, 1986).
　　天野元之助, 〈元 司農司撰 〈農桑輯要〉に ついて〉《東方學》 30(1965).
　　이개석, 〈14세기 초 원조지배체제의 재편과 그 배경〉(서울대학교 대학원 박사논문, 1998).
　　제 바투터르, 〈몽골세계제국사의 시각에서 보는 중국의 '동북 프로젝트'문제〉《한민족 유목 태반사 연구·복원을 위한 구상》(강원대학교 국제학술회의, 2007).

■ 고려말의 문명전환 정책과 지식인의 성찰

몽골·원제국은 북방민족으로서 중국과 그 주변의 민족 국가들을 정복하고, 종래의 중국의 그것과는 다른 몽골방식의 문명전환 정책을 내세우며, 현실적으로 東아시아 문명권을 지배하는 대제국이 되고 있었다. 그것은 주변민족 북방민족 국가들의 문명전환에서 표본이 되고 지표가 될 수 있는 것이었다. 한민족이 그간 역사적으로 추구해온 문명전환 정책과 이념적으로 통하는 것이기도 하였다.

그러므로 이때 고려에서는, 몽골·원제국이 주도하고 제시하는 문명전환 세계화정책에 적극 참여하고, 그것을 수용하고 추진해 나가게 되었다.

그러한 분위기 속에, 고려에서는 많은 정치인들이 몽골의 관료나 군인이 되어 그 통치지역에서 근무하기도 하고, 많은 학자들이 세계제국 몽골·원나라에 유학을 가기도 하였으며, 그곳에 세워진 만권당(萬卷堂)을 통해 몽골의 국정교학이 된 신유학, 즉 주자학(朱子學)을 연구하고, 과거를 시험보고 돌아오기도 하였다.[95]

---

95) 정옥자, 〈여말 주자성리학의 도입에 대한 시고 ―이제현을 중심으로〉《진
　　단학보》 51(1981).
　　문철영, 〈여말 신흥사대부들의 신유학 수용과 그 특징〉《한국문화》 3(1982).
　　주채혁, 주 93)의 논문.
　　고혜령, 〈고려 사대부와 원 제과(制科)〉《국사관논총》 24(국사편찬위원회,
　　1991).
　　변동명, 《고려후기성리학수용연구》(일조각, 1995).
　　이원명, 《고려시대 성리학 수용 연구》(국학자료원, 1997).

그리고 이 학문, 이들 학자, 이들 정치인은 그 후 고려와 조선의 문명전환 세계화를 위한 새로운 학문·학풍의 지도자, 새로운 정치집단을 형성할 수 있었다. 그 중심에 조선왕조(朝鮮王朝)를 창업한 이성계(李成桂) 가문이 있었다.[96]

그렇지만 이때에는 중국 중심 천하사상 천하체제의 운영주체가, 중화문명권 밖의 알타이어계 몽골족으로 바뀌고 있었다. 그러므로 고려에서 받아들이게 되는 문명전환, 세계화의 지표가 중국사상으로서의 주자학(朱子學)만일 수는 없었다. 이때의 격동 속에서 고려의 지식인들에게 감명과 충격을 주고 주목되었던 점은 다른 데 있었을 것으로 생각된다.

그것은 몽골족이 정복자로서 중국의 천하사상 유교사상 특히 주자학을 통해 몽골·원제국의 통치체제를 재정비하고, 스스로 문명전환 세계화를 시도하면서도, 앞에서 언급한 바와 같이, 그들 자신의 고유한 풍습을 그대로 유지하고, 몽골문자를 만들며, 몽골 역사(《원조비사》)를 편찬하는 등, 그 자신의 고유문명을 유지하고 그 정체성을 놓치지 않으려 노력하고 있는 정신이었으며, 그런 가

---

96) 《용비어천가》 권1(아세아문화사 영인본, 1972), 제3장 목조, 26~30.
   김성칠·김기협 역, 《용비어천가》(들녘, 2000), 27~29.
   윤은숙, 〈몽·원제국기 옷치긴 가의 동북만주 지배 —중앙정부와의 관계 추이를 중심으로〉(강원대학교 대학원 박사논문, 2006).
   에르데니 바타르, 〈원·고려 지배세력 관계의 성격 연구〉(강원대학교 대학원 박사논문, 2006).
   유창규, 〈이성계의 군사적 기반 —동북면을 중심으로〉《진단학보》 58(1984).
   송기중, 〈조선조 건국을 후원한 세력의 지역적 기반〉《진단학보》 78(1994).

운데 그들 자신이 세계화의 주체가 되고자 하는 그 당당한 자세이
었을 것이다.

고려인들은 몽골과 적대관계에 있기도 하고 전쟁도 하였지만,
평온을 되찾은 뒤에는, 바로 이 점에서 몽골은 경외의 대상이기도
하였을 것이다.

그리고 거기에서 고려 지식인들이 새삼 자기 자신을 성찰하게
되는 것은, 고려사회에 전통적으로 내려오는 고조선 이래의 고유
문명의 흐름과, 중국문명의 수용·문명전환으로 빚어지는 사상계
의 갈등·대립·충돌과도 관련, 우리는 어디에서 왔으며 우리의 정
체성은 무엇이며, 지향하는 바는 무엇인가? 이었을 것이다.

■ 시대성을 반영한 역사인식 역사서술 ;《삼국사기》와 《삼국유사》의 차이

이 시기의 고려에서 지식인 성찰의 분위기가 가장 잘 반영되었
던 분야는 역사편찬에서였다고 하겠다. 그 선구적인 사서로서 편
찬된 것은 불교승려의 대학자 일연(一然)이 찬술한 《삼국유사》였
다. 이에 앞서서는 앞에서 언급한 바와 같이, 몽골·원나라와의 관
계가 성립되기 이전, 고려 인종(仁宗) 23년(1145)에 국가사업으로
서 대유학자 김부식(金富軾)으로 하여금 편찬케 한 《삼국사기》가
이미 있었는데, 그때로부터 140년이 지난 충렬왕(忠烈王) 9년
(1283)에 《삼국유사》는 승 일연에 의해서 이와 대비되는 역사서
로서 편찬되고 있었다.[97]

《삼국사기》와 《삼국유사》를 책의 제목만으로 보면, 후자는 전

자에 누락된 유사(遺事)를, 새로운 자료 새로운 사실을 발굴하여 보충 설명한 겸손한 사서였다. 그러한 사실이 그 차이의 전부라면 이 두 사서를 비교하는 것은 별 의미가 없을 것이다.

그러나 이 두 사서의 차이는 단순한 사실과 자료의 증보에 있는 것이 아니라, 그 역사서술의 이념과 우리 역사에 대한 체계적 인식의 차이에 있었다고 하겠다. 역사 연구에서 늘 문제가 되는 것은 바로 이 점이었다. 이 두 사서는 거의 동시대인의 저술이면서도, 그 역사 서술 역사인식에는 당시의 상황에서 근본적이라고 할 수 있는, 큰 차이가 있었다.[98] 우리는 그것을《삼국사기》의 사서로서의 특징을 지적하는 가운데,《삼국유사》는 이와 대비하여 살필 수 있을 것이다.

첫째,《삼국사기》의 찬자 김부식은 유가(儒家)로서, 당시 정부의 문명전환과 세계화정책의 중심부에 서 있었던 인물이고, 그것도 전진적 자세의 인물이었으며, 경주 중심의 정치세력이었다. 그러므로 그는 불교승려를 중심으로 하는 고조선과 고구려적인 전

---

97) 최남선, 신정《삼국유사》삼국유사 해제(민중서관, 1958).

98) 김태영,〈일연의 역사의식〉《경희사학》5(1974).

　　하현강,〈《삼국사기》와《삼국유사》의 사관〉《독서생활》(1976) ;《한국
　　　중세사론》(신구문화사, 1989).

　　이기백,〈《삼국유사》의 사학사적 의의〉《창작과 비평》(1976 가을) ;《한
　　　국사학의 방향》(일조각, 1978).

　　김상현,〈삼국유사에 나타난 일연의 불교사관〉《한국사연구》20(1978).

　　김상현, 이강래, 주 20)의 논문.

　　정구복,〈일연과《삼국유사》〉《한국중세사학사》I (집문당, 1999).

　　채상식,〈문화의 발달, 역사학, 일연과《삼국유사》〉《한국사》21 고려후
　　　기의 사상과 문화(국사편찬위원회, 1996).

통을 강조하는 서경 중심의 정치세력과 대립하지 않을 수 없었다. 서경천도운동과 묘청의 난이 일어났을 때 이를 진압하고 정국을 문명전환의 방향으로 안정시키지 않으면 안 되었다. 그러한 인물이 '우리 역사'의 편찬에서 책임자로 임명되고 있었다.

　이에 견주어 《삼국유사》의 찬자 일연은 불교승려로서 많은 저술을 남겼는데, 그 가운데 하나가 이 저술이었다. 그가 국가정책으로서의 문명전환에 반대하는 것은 아니었지만, 고려 불교가 고조선 이래의 전통적인 신앙 사상과 연결되고 있었음과도 관련, 그는 문명전환이 전통적인 문명을 정신적 바탕으로 하면서 수행되어야 할 것으로 생각하는 인물이었다.

　둘째, 《삼국사기》의 찬자가 이를 편찬하게 된 동기 목표는, 국왕 인종(仁宗)의 명에 따른 것이었는데, 인종이 그러한 명을 내리게 된 이유는, 문명전환의 한가운데 서서 다음과 같은 점이 아쉬웠기 때문이었다.

　즉, 나라를 다스리는 데는 사서(史書)를 참고함이 필요한데, "지금 학사(學士)·대부(大夫)들은 우리나라의 역사사실[吾邦之事]에 어둡고, 중국사서는 우리 역사 기술이 소략하고, 우리나라의 역사책 《고기(古記)》는 무잡하고 잘 다듬어지지 않았으며[文字蕪拙] 사실의 빠진 바도 많다. 그러므로 후대의 국가의 정치에서, 이런저런 문제를 중심으로 감계(鑑戒)가 될 수 있는 훌륭한 사서를 편찬하여, 만세에 전하고자 한다"는 것이었다.[99] 그리고 그

---

99) 《삼국사기》 〈진삼국사기표〉.
　　김상현, 이강래, 주 20)의 논문 참조.

임무를 김부식에게 부여하였다.

이 목표에 따르면, 이때 국왕이 바랐던바 우리나라 역사서는, 삼국 이전의 알타이어계 고조선문명 그리고 그 뒤의 혼란기까지도 포함하는, 그리고 잘한 일 못한 일 등을 모두 포함한, 우리 역사 전체를 기술한 통사였다고 하겠다. 어떤 역사사실을 사서에 기술하여 후세에 감계(鑑戒)로서 남기고자 한다면, 그 사실은 당연히 나라 전체, 역사 전체를 대상으로 해야 할 것이기 때문이다. 그리고 누구나 한 나라의 역사를 살피고 말하고자 할 때, 무엇보다 궁금한 것은, 그 나라는 '언제 누가 개국하였는가' 하는 국가기원의 문제이기 때문이다.

그런데 김부식이 수행한 이때의 작업은 책의 제목에 표현된 바와 같이, 우리 역사를 삼국사에 한정하고, 그에 선행하는 고조선사와 그 뒤 중국의 침입에 따르는 혼란기 역사는 편목을 설정해서 차분하게 서술하고 있지 않았다. 그는 인종이 말한 《고기》는 말할 것도 없고, 그 밖의 여러 자료도 다 보았을 것이므로, 단군조선이나 기자조선을 잘 알고 있었을 것임에도 그러했다.[100] 삼국 이전의 역사는 별도로 편찬하였거나, 그럴 예정이 있는 것도 아니었

---

[100] 《삼국사기》 권17, 동천왕 21년.

春二月 王以丸都城經亂 不可復都 築平壤城 移民及廟社 平壤者本仙人王儉之宅也 或云王之都王險 ─여기서 仙人은 단군을 뜻한다.

《삼국사기》 권29, 〈연표〉 상.

海東有國家久矣 自箕子受封於周室 衛滿僭號於漢初 年代綿邈 文字疏略 固莫得而詳焉.

주 10)에 인용한 《삼국사기》의 朝鮮遺民 기사와, 주 22)에 인용한 《삼국사기》의 箕子可汗神 기사는 그 예이다.

다. 〈진삼국사기표〉에는 그러한 해명이 없었다.

일연은 김부식의 이 같은 우리 역사 체계화에 찬성할 수 없었다. 그래서 그는 《삼국유사》를 편찬하면서, 무엇보다 먼저 3국에 선행하는 고조선국가, 즉 우리나라의 국가기원의 문제를 '유사'로서 권두에다 서술하였다.

셋째, 《삼국사기》의 찬자 김부식에게는 그의 우리 역사 편찬에 의문도 제기되고 폄하도 있었지만,[101] 그가 대유학자이고 역사학자이었던 점을 감안하면, 그에게는 그럴 수 있는 학문적 이유·변명이 있었던 것이 아닐까 한다. 김부식의 그 학문적 이유 변명은 어떠한 것이었을까?

그것을 본서의 주제인 문명의 전환과 세계화를 기준으로 하여 생각하면, 김부식은 대유학자로서 우리 역사를, 문명전환 이전의 그가 보기에 미개한 알타이어계 문명단계와, 문명전환 이후의 개명한 유교적 문명국가 단계로 구분하고, 후세의 감계를 위하여 남기게 될 그의 저술에서는, 유교적 문명국가(3국) 단계로부터의 역사만을 우리 역사로서 서술하고 내세우고자 하였던 것이 아닐까. 후세인의 감계를 위한 가치 기준은 유교의 도덕주의 합리주의일 것이므로, 문명전환의 정책을 추진하고 있는 국가의 입장은 그러해야 할 것으로 생각하였던 것이 아니었을까 생각된다.

---

101) 신채호, 〈조선역사상 1천년래 제1대사건〉《조선사연구초》(조선도서주식 회사, 1929).

　　김철준, 〈고려중기의 문화의식과 사학의 성격〉《한국사연구》 9(1973) 한국고대사회연구》(지식산업사, 1975).

그뿐만 아니라, 그는 단순한 역사가가 아니라 현실 문제를 다루는 정치가였고, 그러한 자격으로, 고조선문명의 전통을 강조하고 서경천도운동을 하는 정치세력을 토벌도 하였었다. 그리고 그는 그 전쟁에서 승자가 되고도 있었다. 그러므로 그의 역사의식은 충분히 그럴 수 있었을 것으로 생각된다. 그는 당시의 거대한 東아시아 문명전환의 물결 속에서, 유일 절대한 가치는 중국의 천하사상, 천하체제, 세계화정책 및 그것이 지향하는 유교사상이라고 생각했으며, 그것을 거역하면 망하고 그것을 따르는 것만이 살아남는 길이라고 판단하였던 것으로 보인다.[102]

더욱이 김부식은 기자조선에 관해서는 그것이 고조선사람들이 단군정권 안에서 정변으로 등장한 나라라는 것을 분명히 확인함으로써(기자가한, 주 22 참조) 내면적으로는 중국사서의 왜곡된 기술(주 39 참조)을 전면 부정하고 있었으면서도, 표면상으로는 국가기원을 기자수봉설에다 두고 있었다(주 100 참조). 그는 한민족의 낙후한 고유문명이나 정체성에 연연하기보다는, 중국문명을 적극 받아들임으로써 문명전환을 하는 것이 중요하다고 생각하는, 정치가의 입장에서 역사를 서술하고 있었다. 그는 '사실을 강조하는' 고집스러운 역사가가 아니었다.

더 부연하면 그는 문명전환의 격동 속에서 고조선 문제를 깊이 다루는 것은, 오늘날의 표현으로 말하면, 지뢰밭에 들어가는 것과

---

102) 《삼국사기》 권22, 고구려본기10, 보장왕 하, 고구려 멸망에 대한 논찬 참조.

같고, 따라서 이 문제는 중국과의 관계를 고려하여 우선은 당분간 피하고자 하였던 것이 아닐까 생각되기도 한다.

그러나 《삼국유사》의 찬자 일연은 《삼국사기》의 찬자 김부식의 그 같은 우리 역사 인식과 체계화에 동의하지 않았다. 문명전환을 부정하는 것이 아니면서도, 문명전환 이전의 역사사실을 사실대로 기록하고 있었다. 역사학은 '술이부작(述而不作)'하는 학문이었다. 없는 것을 기술해도 안 되지만 있는 것을 빼버려도 안 되는 것이다. 《삼국유사》에서는 우리의 국가기원이 전기고조선인 단군조선으로부터 시작되는 것으로 보고, 그 개국사정을 책의 권두에 정면으로 내세우고 있었다.

일연도 주나라에서 보냈다고 하는 기자에 관해서는 부정적이었던 듯, 그 인용 자료가 《고기》에 수록된 기사 성의 없는 단 한 구절이었는데(주 30 참조), 단군조선에 관해서는 성의를 다한 장문의 문장으로 강조하고 있었다. 자료는 중국에서 편찬된 《위서》와 찬자 미상의 《고기》였다. 그뿐만 아니라 그 〈왕력(王曆)〉에서는 고구려의 시조 동명왕을 단군의 후손이라고도 하였다.

《삼국유사》의 역사서술은 고조선과 고조선문명의 정체성을 선명하게 드러내고자 한 역사서술 태도이었다. 고조선 말기 이래로 형성되고 있었던 우리 민족의 문명전환과 세계화정책에서 요구되고 있었던 고유문명의 중요성 인식을 재확인한 것이었다. 그리고 가까이는 몽골·원(元)제국이 정복자로서 중국문명으로 문명전환을 하면서도, 그들의 정체성을 유지하려고 노력하고 있는 문명정책의 자세에서 고무되고 있음이었다고 하겠다.

그런 점에서 《삼국유사》의 우리 역사 인식체계는 《삼국사기》의 그것과 근본적으로 다른 것이었다고 해도 좋겠다. 이때는 충렬왕 때였는데, 이 저술을 받아본 국왕은 지극히 만족해하였고 후한 상을 내리고 있었다. 이는 의미 있는 일이었다.103)

물론 이 시기에 단군을 개국시조로 기술한 사서가 이에서 그치는 것은 아니었다. 《삼국유사》를 이어서 이와 거의 같은 시기에는, 유자 이승휴(李承休-정부관료)가 《제왕운기》를 찬술하고 있었는데, 단군의 사실은 여기에서도 수록하고 있었다. 요동(遼東)에는 중국과 구분되는 '별건곤(別乾坤)', 즉 별천지가 있는데, 단군은 그 가운데 '방(方)천리'의 땅에다 고조선을 개국하였던 것으로 기술하고 있었다.

이는 몽골〔元〕 중심 천하체제 아래에서 형성된 역사학의 한 시대사조였다. 그런 점에서 《삼국사기》와 《삼국유사》의 상이한 두 역사서술은, 東아시아 문명의 전환과정에서, 그리고 중국 중심 천하체제가 확립 굴절하는 과정에서, 우리나라의 역사연구 역사서술에서 일어나고 있었던 두 경향 사학사상의 격돌이 되겠다.

두 경향 사학사상이란 중화사상 천하사상을 중심으로 한 문명전환 세계화 사상과 고조선 이래의 전통적 고유문명을 중시하는 정체성 이론을 말한다. 그리하여 《삼국유사》는 사찬(私撰)사업으로 편찬된 사서였지만, 관찬사업으로 편찬된 《삼국사기》 못지않

---

103) 최남선, 신정 《삼국유사》, 삼국유사 해제(민중서관, 1958).

게, 아니 그 이상으로 후세에 미친바 영향이 지대하였다.

2) 조선왕조의 문명전환 정책과 고조선문명의 계승 육성

■ 문명전환에 대한 국론의 통합

조선왕조로 넘어와서는 문명전환의 자세에 새로운 변화가 일어나고 있었다. 그것은 고려시기 지식인들의 문명전환 문제를 둘러싼 두 계통의 갈등구조를, 조선왕조에서는 국가차원에서 이를 수습 해결하고 있는 일이었다.

몽골·원(元)제국의 교학 분위기에 익숙해진 조선 건국자들의 입장에서 보면, 고려시기에 있었던 사상계의 문명전환을 통해서 새로 받아들인 유교사상과 민족 고유의 전통사상 사이의 갈등구조는, 문제될 것이 없었다. 몽골·원(元)나라를 통해서 주자학(朱子學), 신유학, 성리학을 국정교학(國定敎學)으로 도입한, 조선에서는 그것을 몽골방식으로 해결하였다. 문명 전체의 틀은 새로 받아들이는 중국문명, 유교사상을 중심으로 하되, 그 문명을 운영하고 지탱하는 정신적 지주는 우리의 고유문명을 기본으로 함이었다. 《삼국유사》의 역사이념을 국가정책의 기본정신으로 받아들이면서, 문명전환에 대한 국론을 통합해나가는 방안이었다.

이때 주자학, 신유학, 성리학 연구에는 여말 이래로 실로 많은 학자들이 참여하였다. 그리고 그러한 학문의 분위기에서 시간이 좀 지나면서는 이퇴계(李退溪) 이율곡(李栗谷)과 같은 대학자들이

탄생하였다. 그 연구의 수준은 중국학자들과 대등할 정도로 높은
데까지 이르렀다. 그래서 그 학문은 '소중화' '조선중화주의'로 표
방되기도 하였다.[104] 이는 중국문명 중국사상의 철학적 근원까지
도 연구함으로써, 중국 중심의 천하체제 세계화질서를 철저하게
이해하고 □가갔음이었다.

그러나 그□은 그 목표가 조선의 고유문명, 한민족의 정체성을
포기하고 중국□(中國化)하려는 것임을 뜻하는 것은 아니었다. 그
것은 반대로 우□□ 역사적 전통 고유문명의 정신을 바탕으로 하
면서, 당시의 중국□중심의 천하체제 세계화질서 속에서, 우리 자
신의 국가와 문명의□정체성을 그 세계화질서에 동반자로서 조화
시키고자 함이었다□□시 말하면 우리의 고유문명 전통사상을 천
하사상으로서의 유□사상 속에 대등하게 내면화하고자 함이었다.
그것은 몽골·원(元□제국방식의 문명전환이고 세계화정책이었다.

그러므로 이 시□ 조선왕조의 문명정책에서는, ① 중국 중심의

---

104) 한영우, 《□□전사상의 연구》(서울대학교 한국문화연구소, 1973).

　　이범직, □□곤, 〈학문의 발전, 성리학의 보급〉《한국사》 26 조선초기의 문
　　□□ I (국사편찬위원회, 1995).

　　＿＿＿, 《한국중세예사상연구 —오례를 중심으로》(일조각, 1991).

　　도현철, 《고려말 사대부의 정치사상 연구》(일조각, 1996).

　　＿＿＿, 〈원명교체기 고려 사대부의 소중화 의식〉《역사와 현실》
　　　　37(2000).

　　김준석, 〈유교사상의 전통과 주자학〉《한국 중세 유교정치사상사론》 I (지
　　　　식산업사, 2005).

　　김태영, 《조선성리학의 역사상》(경희대학교 출판국, 2006).

세계화질서에 능동적 적극적으로 대응함과 아울러, ② 그 세계화
질서 속에서, 우리의 고유문명을 재건하고 발전시키기 위한 기반
학문을 또한 건설하지 않으면 안 되었다.

■ 중국문명의 세계화질서에 대한 적극 대응

전자, 즉 ①의 문제를 위해서는, 두 가지 방향에서 정책이 추
진되었다. 하나는 국가체제 국가운영을 위한 모든 제도를, 유교
사상에 바탕을 두고, 중국의 제도를 참작 유전(六典)체제로 제
정하는 일이었다. 그것은 《경국대전(經國大典)》 체제로 완성되
었다. 명(明)나라의 《대명률(大明律)》도 직해(直解)하여 함께
이용하였다(《大明律直解》).105)

다른 하나는 인재를 육성하기 위한 교육제도를 성균관(成均館)·
사학(四學)·향교(鄕校) 그리고 서원(書院)·서당(書堂) 등으로 체계
적으로 세우고 유교교육을 철저하게 시행하면서,106) 다른 한편으

---

105) 한우근, 〈조선왕조초기에 있어서의 유교이념의 실천과 신앙·종교 ―사
제문제를 중심으로―〉《한국사론》 3(서울대학교 한국사학회, 1976).
_____, 《유교정치와 불교 ―여말선초 대불교시책》(일조각, 1993).
한우근·이성무·민현구·이태진·권오영, 《역주 경국대전》 주석편(한국정
신문화연구원 역사연구실, 1986).
윤국일, 《경국대전연구》(과학·백과사전출판사, 1986).
박병호, 〈양반관료국가의 성립, 《경국대전》의 편찬과 계승〉《한국사》 22
조선왕조의 성립과 대외관계(국사편찬위원회, 1995).
오영교 편, 《조선 건국과 경국대전체제의 형성》(연세대학교 국학연구원,
2004).
106) 정만조, 《조선시대 서원연구》(집문당, 1997).
이성무, 〈교육제도와 과거제도〉《한국사》 23 조선초기의 정치구조(국사

로는 과거(科擧)제도를 문과(文科)·무과(武科)·전시(殿試)·향시(鄕
試) 기타로 설치하여 인재를 널리 등용함으로써, 양반(兩班)을 축
으로 하는 집권관료체제(集權官僚體制)를 확립하는 일, 그리고 이
어서는 집현전(集賢殿)을 설치하여 관료학자를 육성하고 국정에
필요한 편찬사업도 수행케 함으로써, 국가운영에 관한 전문적인
식견을 쌓도록 하는 일이었다.107)

　　조선왕조는 철저한 유교국가였으며, 고려시기와는 달리 불교는
정치에서 배제되었다. 고려에서는 불교가 담당하던 일도 조선에
서는 국가가 이를 유교이념으로 수행하였다.108) 인쇄술이 발달하
는 가운데, 유교경전, 불경, 경세를 위한 서적들이 원본 또는 언해
(諺解)본으로 서울과 지방에서 널리 간행 보급되었다.109)

편찬위원회, 1994).

107) 이성무, 주 106)의 논문.

＿＿＿, 〈조선시대의 과거제〉《개정증보판 한국의 과거제도》(집문당,
1994). 이 저서에는 우리나라 과거제도에 관한 연구의 논문목록이 잘
정리되어 있어서 참고하기에 편하다.

성고 이성무 교수 정년기념논총 간행위원회, 《조선시대의 과거와 벼슬》
(집문당, 2003).

최승희, 〈양반관료국가의 성립, 유교정치의 진전〉《한국사》 22 조선왕조
의 성립과 대외관계(국사편찬위원회, 1995).

＿＿＿, 〈집현전연구〉《역사학보》 32·33(1966·1967).

108) 한우근, 《유교정치와 불교 —여말선초 대불교시책》(일조각, 1993).

109) 정형우, 〈오경 사서대전〉의 수입 및 그 간판 광포〉《동방학지》 63(연세
대학교 국학연구원, 1989) ；《조선조 서적문화 연구》(구미무역주식회
사출판부, 1995).

김문식, 〈조선후기 경학관의 변화〉《한국실학사상연구》 1 철학·역사학편

그런 가운데서도 조선왕조의 국정교학은 주자학(朱子學)이었으므로, 유학에 대한 전반적 이해는 주자학 주자의 사상체계가 기준이 되었다. 조선유학은 주자학에 편향하고 있었으나, 그것은 당시 세계화를 위한 사상의 핵이 이 학문에 있었고, 국가의 사회 경제체제 또한 이 사상에 바탕을 두고 있었기 때문이었다.

■ 고유문명의 학문적 재건과 육성

후자 즉, ②의 문제에 관해서는, 조선왕조는 국호가 '조선(朝鮮)'이었던 만큼, 그 지향하는 바는 그 국호 속에 잘 담겨져 있었다고 하겠다. 국호를 조선이라고 한 이상 그 고유문명을 찾는 노력은 당연히 고조선 이래의 우리의 문명 문화전통에 있지 않을 수 없었다. 다만 당시는 문명전환이 지향하는 유교사상이 사상계의 주도권을 장악하고 있었으므로, 그 고조선을 단군조선과 기자조선 가운데 어느 것을 중심으로 할 것인가 하는 점에서, 정치가 학자들 사이에 큰 견해차가 있었다.110)

(연세대학교 국학연구원 ; 혜안, 2006).

손보기, 《금속활자와 인쇄술》(세종대왕 기념사업회, 1977).

_____, 《세종시대의 인쇄출판》(세종대왕 기념사업회, 1986).

김윤경, 주 15)의 책, 764~768 언해서류 ;《한결 김윤경전집》2(연세대학교 출판부, 1985), 682~684.

최승희, 주 107)의 1995 논문, 75 참조.

이기문, 주 115)의 1995 논문, 107 참조.

110) 김태영, 〈조선초기 사전의 성립에 대하여〉《역사학보》56(1973).

박광용, 〈기자조선에 대한 인식의 변천〉《한국사론》6(서울대학교 인문대학 국사학과, 1980).

한영우, 〈고려~조선전기의 기자인식〉《한국문화》3(서울대학교 한국문그뿐만 아니라, 이 경우 기자조선의 기자는, 중국에서 조선후 (朝鮮侯)로 봉해온 기자가 아니라 후기고조선의 시조로서의 기자 라는 의견도 있었지만, 그러나 그 뒤에는 기자의 실체를 해명하는 데 주력하기보다, 조선의 문명전환 유교사상 연구의 심화 확산과 도 관련, 기자조선의 기자를 당연히 주나라에서 조선후로 봉해온 기자로 보고자 하는 견해가 일반적 경향이 되었다.[111] 기자조선 문제는 당시로서는 제대로 연구되기 어려웠다.

그런 점에서 이 시기의 위정자와 지식인들에게는 그들이 수행할 수 있는 과제가 이미 주어져 있었던 것이라고 하겠다. 이 문제는 그 범위가 넓었으며 여러 계통으로 연구가 추진되었다. 여기서는 그 가운데서도 두드러진 몇몇 분야를 예로서 들 수 있을 것이다.

i. **고조선 이래의 우리 역사의 체계화** — 무엇보다 먼저 들어야 할 것 은, 당시의 위정자들은 이러한 문제를 위해서, 먼저 우리나라 역사의 발 전과정에 체계를 세우고자 한 점이었다. 우리의 고유문명은 어떠한 것인 가, 우리는 누구이고 어디에서 왔는가 하는 정체성문제는, 국가의 기원, 문명의 개시, 역사의 발전과정에서 찾을 수 있는 것이기 때문이었다.

그리고 그것은 당시로서는 우리나라의 개국시조는 누구인가의 물음이 되지 않을 수 없었다. 그리하여 조선왕조의 위정자와 지식

　　　화연구소, 1982).

　　　정구복, 〈학문의 발전, 역사학〉《한국사》 26 조선초기의 문화 I (국사편 　　　　찬위원회, 1995).

111) 주 110)의 논문들 참조.

인들은 기초작업으로서 《고려사》를 편찬하고, 《삼국사기》《삼국
유사》《제왕운기》를 검토하는 가운데 《동국사략》을 편찬하였으
며, 이를 모두 종합 정리하는 가운데 우리나라 전 역사의 통사인
《동국통감(東國通鑑)》을 편찬 간행하기에 이르렀다.[112] 이는 국정
(國定)의 표준적 역사서로서의 통시대사였다. 그리고 이를 다시 압
축한 《표제음주 동국사략》을 편찬 간행하기도 하였다.

그리하여 그 결과로서, 우리나라의 개국시조는 전기고조선은
단군이고, 그 다음 후기고조선은 기자이며, 고조선의 활동무대는
만주와 요동에서 한반도에 걸치는 지역이며, 3국 가운데서 개국기
원이 가장 앞서는 나라는 고구려라는 사실도 도출하였다.[113]

그 뒤에도 조선중기에서 후기에 이르면서, 많은 학자들이 우리
역사를 연구하고 저술을 남겼는데, 단군과 기자에 관한 이해는 그
기본이 대체로 이와 같았다. 그런 위에서 고조선의 문화문제, 고조
선과 한사군의 강역문제, 역사체계에서 단군정통, 기자정통, 기자
행적문제—봉조선후(封朝鮮侯)설, 불신(不臣)설, 동래(東來)설, 기자
정전(箕子井田)설— 등이 논의됐다.[114]

---

112) 한영우, 〈《동국통감》의 편찬경위와 역사서술〉《조선전기 사학사 연구》
　　　 (서울대학교 출판부, 1981).
　　　 정구복, 〈《동국사략》의 편찬과 그 성격〉《한국중세사학사》Ⅱ 조선전기편
　　　 (경인문화사, 2002).
　　　 _____, 주 110)의 논문.
113) 정구복, 〈《표제음주동국사략》 해제〉《교감 표제음주동국사략》(한국정신
　　　 문화연구원, 1985).
114) 한영우, 《조선후기 사학사 연구》(일지사, 1989).

ii. 우리의 고유문명을 상징하는 문자 훈민정음 창제 ── 다음은 우리 민족 고유의 문자를 '훈민정음'('한글')으로서 창제한 일이었다. 이 문자의 기원에 관해서는 여러 가지 설이 있지만, 세종대왕 (世宗大王)과 그 참모 연구진은, 당시까지의 언어 연구의 원리와 우리 문자에 관한 여러 가지 자료 및 음성에 관한 이해를 활용하는 가운데, 우리의 언어체계에 가장 적합한 문자, 자음과 모음을 조합하는 원리를 적용한 합리적이고 선진적인 문자를 창제하였다. 그리고 이를 《훈민정음(訓民正音)》(해례본)으로서 간행하였다.115)

중국의 東아시아 세계질서 운영에서 공통의 언어와 문자는 중국어와 중국문자[漢字]이었는데, 우리 민족, 우리 문명은 언어에서

---

115) 김윤경, 주 15)의 서.

이상백, 〈한글의 기원〉《이상백저작집》3(을유문화사, 1978).

이기문, 《국어사개설》(탑출판사, 1991).

_____, 〈학문의 발전, 훈민정음의 창제〉《한국사》26 조선초기의 문화 I (국사편찬위원회, 1995).

이숭녕, 〈세종의 언어정책에 관한 연구〉《아세아연구》2(고려대학교 아세아문제연구소, 1958).

남광우, 《동국정운식 한자음연구》(한국연구원, 1966).

김완진, 〈세종의 어문정책에 대한 연구〉《성곡논총》3(1972).

안병희, 《국어사연구》(문학과 지성사, 1992).

_____, 〈문학, 언어〉《한국사》27, 조선초기의 문화 II, (국사편찬위원회, 1996).

문효근, 〈《훈민정음》제자 원리〉《세종학연구》8(세종대왕 기념사업회, 1993).

_____, 〈《훈민정음》의 형체학적 풀이 ―"ㅇ"의 형체를 밝히기 위하여〉《동방학지》100(1998).

한태동, 《한태동 선집 4 ―세종대의 음성학》(연세대학교 출판부, 2003).

중국민족, 중국문명과 확연히 구분되고 있었다("국지어음이 이호중
국 하야"). 그러므로 문명전환 세계화를 통한 문화발전이, 그 세계
화 속에서 우리의 고유문명 정체성을 유지하며, 우리의 입장에서
세계화를 추진해나가고자 한다면, 우리의 언어를 가장 잘 반영한
알기 쉬운 우리의 문자 '훈민정음'을 연구 개발할 필요가 있었다.

그리고 그 '훈민정음'을 중국문자[漢字]와 결합하여 이를 통해서
중국문명, 중국사상을 수용하는 것이 바람직하였다. 그렇게 되면
중국문명, 즉 세계화문명 속에서, 그것과 다르지만 동격이 되는,
우리의 문명과 문화를 향상 발전시킬 수 있을 것이기 때문이었다.

또 그렇게 하기 위해서는 훈민정음 창제에 이어, 모든 사람들이 중국
문자[漢字]를 통일된 우리말 발음으로 읽고 이해할 수 있도록, 그 한자(漢
子)에 대하여 새로운 체계에 의한 훈민정음 표준발음을 제정할 필요도
있었다. 정부에서는 그것을 《동국정운(東國正韻)》으로 편찬 간행하였다.

물론 당시 일반으로 관행하는 실재의 한자 발음들은 이미 있었
고, 따라서 《동국정운》이 규정한 한자음이 획일적으로 통용되기
는 어려웠다. 그러나 국가의 언어정책이라는 관점에서 보면 그러
한 시도는 필요하였다. 그리하여 시간이 흐르고 학문이 발전함에
따라, 한자 한문과 우리의 문자와 글이 자연스럽게 하나의 문장으
로 결합되고 정리될 수 있게 되었다.

한자 한문과 우리의 문자와 글을 결합하여 씀으로써 중국문명
을 쉽게 수용하고, 이로써 한민족의 사상체계를 훨씬 더 폭넓게
형성하고 표현할 수 있게 되었음은, 결국 한글(문자)·한자(漢字)의

통합문명이 되는 것이었다고 하겠다.

이같이 되면, 우리 문명이 쉽게 중국문명으로 흡수되고 중국화할 우려도 없지 않지만, 반대로 한글문명이 중국문명의 핵심을 쉽사리 흡수해서 우리 문명의 질·양·심도를 높일 수도 있을 것이다. 득실은 반반일 수 있겠지만, 우리의 정체성을 놓치지 않는 가운데 이를 추진한다면, 서민대중에 이르기까지도 중국문명을 신속하게 습득시킬 수 있을 것이다. 그리고 실제로 그렇게 되었다. 그런 점에서 고조선문명 계승의 정신을 담고 창제된 한글문자가, 중국문자와 결합하여, 한글(문자)·한자(漢字) 통합문명을 창출한 것은, 고조선문명의 정신을 더 넓고 깊게 재창출한 것이 되었다고 하겠다.

그러면서도 훈민정음을 창제한 초창기에는, 이 글을 어렵게 제정하였으면서도, 국가정책으로 제도적으로 이를 계속 더 연구하여, 모든 국가공문서나 학술활동을 한글 한자 혼용의 우리식 문장으로 표기하는 데까지는 이르지 못하였다. 이는 아쉬운 일이었으나, 훈민정음 창제 초창기, 조선왕조의 문명전환 정책이, 그 안에 흐르는 두 경향의 사상의 대립구도를, 아직 완전히 극복하지 못한 한계와 시대성을 반영함이었다.

훈민정음(한글) 보급의 사회적 효과는, 처음에는 주로 유교경전·불경·기타 경세(經世)를 위한 정책서의 언해, 번역, 그리고 여성들의 서한문 등 당시의 유교적 세계화질서에 기여하는 것이었다. 그런 점에서 그 문자는 중세적 유교적 '훈민정음'일 수 있었다.

그렇지만 조선중기를 거치고 후기에 이르면서는, 그 문자는 문자 자체의 발전법칙에 따라 발전하였다.

문자는 자기를 아껴주고 보호하고 발전시켜주는 사람·사회·시
대를 위해서 기능하게 마련이다. 훈민정음은 여성들의 섬세한 서
한문 활동을 통해 그리고 사회소설·서민소설의 창작·간행·보급
등을 통해, 그리고 시대를 좀 더 아래로 내려오면 기독교 성서의
한글 번역본을 통해, 차츰 중세적 유교적 세계화질서를, 그 내부
에서부터 교란시키고 부정하는 방향으로 민의 의식을 고양시켜나
갔다. 그뿐만 아니라 그러한 한글문학은, 현실비판 의식이 강한
진보적인 한학자들에게도 영향을 주어, 시대를 열어나가는 진보
적인 한문문학을 등장하게 하였다.[116]

그리하여 이때가 되면 그 문자 '훈민정음'의 개념도, 역사의 발
전과 더불어, 점진적으로 국가의 주체이고 하늘〔天〕과 같은 존재
인 민을 교육하는 개념으로 바뀌게 되었다. 그것은 이미 초기의 훈
민정음이 아니라 근대사회의 평등 민주사회로 가는 '한글'이었다.

어느 민족이거나 그 민족 고유의 문명은 그 언어와 문자에 가장
잘 반영된다. 따라서 그 문명의 특성과 수준은 그 언어와 문자의
과학성과 적지 아니 관련된다. 더욱이 세계화과정을 문명사의 관

---

116) 구자균, 《조선평민문학사》(민학사, 1974).
　　김윤식, 《한국문학사》(민음사, 1973 ; 개정판 1996).
　　조동일, 《한국문학통사》3(지식산업사, 1984).
　　민족문학사연구소, 《민족문학사 강좌》상(창작과비평사, 1995).
　　이민희, 《16~19세기 서적중개상과 소설·서적 유통관계 연구》(역락,
　　2007).

점에서 보면, 그것은 문명 사이의 경쟁이고, 그 승패는 결국 문명 수준 여하로서 결정되는 것이다. 그러므로 고유문명을 확립·유지·발전시키는 문제는, 그 민족의 언어에 가장 적합한, 과학적인 문자를 마련하여 발전시켜나가는 것이 관건이 된다고 하겠다.

iii. 농업에서 풍토부동론과 결부법 ─ 이러한 인문학적인 문제와 아울러, 당시의 위정자들은, 농업생산을 발전시키기 위한 농서(農書)의 편찬에서도 같은 생각 같은 발상법을 보이고 있었다. 고려 말년에는 원나라 대사농사(大司農司)에서 중국의 표준농서로 편찬한 《농상집요(農桑輯要)》를 구입하여 복각·간행·보급함으로써, 농업생산을 증진시키려 하였는데, 조선왕조에서는 이를 세심히 검토한 결과 참고용으로만 이용하고 있었다. 그들은 중국과 우리나라는 풍토가 다르다〔風土不同〕는 점을 특히 강조하고 있었다. 그들은 우리의 농서는 조선의 풍토와 자연조건에 맞도록 개발된, 전통적으로 내려오는 우리의 고유한 농법, 우리의 농업기술로서 편찬되어야 할 것으로 생각했다.

그리하여 세종조에는 삼남지방의 발달된 농업기술을 조사, 이를 바탕으로 해서 조선농서로서의 《농사직설(農事直說)》을 편찬 간행하고 있었다.117) 그러면서도 이때는 중국 중심의 세계화가 추구되는 때였으므로, 학자들은 전통적인 고유농법을 중심으로 하면서도, 풍토가 다르다는 문제 '풍토부동론(風土不同論)'을 극복하는 가운데 중국의 새로운 농법을 끊임없이 받아들이고 있었다.118)

---

117) 《農事直說》序.

118) 김용섭, 증보판 《조선후기농학사연구》(지식산업사, 2007).

　　그러나 농업에서 무엇보다도 조선적인 고유한 제도를 유지하려 한 것
은 조세제도로서의 결부법(結負法)이었다. 결부법의 원리는 소출(所出)·
조세(租稅)·농지면적(面積)을 조합하여 마련한 제도로서, 처음에는 소출
을 기준으로 조세를 수납했으나, 농업기술이 발달하고 농지면적이 늘어
남에 따라, 징세의 합리화를 위하여 면적을 가미 조합하게 된 것이었다.

　　결부법의 기원은 아주 오랜 옛날 그 조상들이 수렵생활이나 목축·유목
생활을 할 때부터, 사냥한 동물의 두수(頭數)나 소유하고 있는 순록 또는
목양(牧養)의 두수에 따라 세를 내던 관습이, 역사발전 농업발전 사회발
전과 더불어 3자를 조합하여 법제화하였던 것으로 이해된다.

　　東아시아 3국의 토지제도 조세제도로서, 중국의 경무법(頃畝法)이
나 일본의 정보법(町步法)과 비교되는, 한국의 고유한 제도는 결부법
(結負法)이었다. 이는 한국에만 있었던 중세 봉건사회의 수취제도 운
영을 위한 특이한 제도였다.

　　조선왕조는 중국의 제도를 여러 가지 면에서 배우고 받아들이면
서도, 결부법은 결코 중국식 경무법(頃畝法)으로 개혁하려 하지 않
았다. 시도는 했지만 결국 취하지 않았다. 중국식 경무법이라고 부
세제도 운영에서 불합리가 없었던 것이 아니고, 조선의 결부법이라
고 중세의 조세제도로서 합리성이 없었던 것이 아니기 때문이었다.

　　조선에서 이 결부법을 개혁하게 되는 것은 한말의 제2차 문명전환
서구문명 수용의 시기인 대한제국에 이르러서였다. 그러나 이때에도
그 개혁은 결부법을 폐기하는 것이 아니라, 그 결부법을 면적단위로만
이용하도록 개혁하되, 서양의 미터법 헥타르(hectare)제도를 도입하여―

처음에는 개항장의 조계지에서, 나중에는 전국적인 시행을 목표로 제도개혁을 하였다── 1등전 1결이 1헥타르가 되도록, 결부법과 미터법을 결합함으로써, 예전 결부법을 신 '결부법'으로 조정하는 것이었다.

물론 이 제도개혁도 일제가 한국을 침략하면서는 제도로서 유지되기 어려웠다. 일제는 한국의 모든 경제제도를 일본자본주의 체제에 맞게 개편하려 하였으며, 그 일환으로서 신 '결부법'을 그들의 정보법(町步法)으로 개정하였었다.[119]

신 '결부법'이 미터법 헥타르제도로서 회복되는 것은 해방 후에 이르러서였다.

---

119) 김용섭, 〈결부제의 전개과정〉《한국중세농업사연구》(지식산업사, 2000), 272~281.
    한국탁지부, 《현행 한국법전》 제8편 제5장 도량형(1910).

V. 한민족의 제2차 문명전환과 세계화
─서구문명의 수용

1. 중국 중심 화이관과 천하체제의 붕괴

■ 전통적 화이관에서 이(夷)의 성장

東아시아 여러 민족과 국가에서는, 19세기에 들면서 제2차 문명전환과 세계화, 즉 근대 서구문명의 수용이 시작되었다. 한민족도 그 일원이었으므로 마찬가지이었다. 조선시기의 문명정책에서 제1차 문명전환의 완성은, 앞으로 있게 될 이 제2차 문명전환의 예고이기도 하였다. 제2차 문명전환과 세계화는, 문명사의 발전단계로서는, 중세적 中세계 문명권에서 근대적 大세계 문명권에로의 발전과정이기 때문이었다. 東아시아의 경우, 그것은 중국 중심의 중세적 천하체제의 붕괴를 의미하는 것이었다.

중국 중심 천하체제의 붕괴는 19세기 중엽에 시작되었지만, 그 천하체제의 한계는 이미 오래전부터 드러나고 있었다. 송(宋)을 정복한 몽골·원(元)제국의 한인(漢人)에 대한 차등지배(하대)는 그 단적인 예이었다. 그런 위에서 그 뒤 東아시아에서 벌어진 일련의 사태, 즉 1590년대의 임진왜란(壬辰倭亂)으로부터 1640년대의 명(明) 청(淸)의 교체에 이르는 일련의 격변은, 천하체제에 대한 조선인의 교조적인 인식을 변화시키기에 족하였다.

몽골·원제국은 《송사》를, 그리고 청나라는 《명사》를 편찬하면서, 앞에서 언급한 《구오대사(舊五代史)》에서와 같이, 전통적으로 일컬어오던 그 이웃의 사이(四夷)·외이(外夷)를 이(夷·오랑캐)라 하지 않고, 외국(外國)이라고 자기와 대등하게 표기하고 있었다.[120]

전통적인 화이관(華夷觀)이 중국 안에서도 변동하고 있는 것이었다.

이는 이(夷)가 화이(華夷)의 화(華)가 되고 천하를 지배하는 천자(天子)가 되었으므로, 본래 자기와 동격인 주변 사이(四夷)를 이(夷)라고 부를 수 없음이었다. 그리고 주변민족의 문화수준이 높아지고 국력이 강화되면, 그들도 언제든지 천자가 된 자기와 마찬가지로, 중국에 들어와 천자가 될 수 있다고 판단하였음에서 이었을 것이다. 그렇다면 중국의 전통적 화이사상(華夷思想)은 이제 사실상 그 의미가 소멸한 것이라 하겠으며, 중국이 천하체제를 이끌어가는 논리는, 국력·군사력이라고 하는 힘의 논리만 남게 되는 것이 아닐 수 없었다.

그러므로 명나라와 청나라의 천하체제가 진행되고 있는 가운데서도, 조선인의 화이사상 천하사상 속의 관념적 '중국'에 대한 생각에는, 적지 않은 변화가 오지 않을 수 없었다.

2. 서구문명의 성장과 그 수용의 배경

■ 조선사회 내부의 사회변동·배경조성

조선에서 제2차 문명전환과 세계화는 내·외로 두 측면에서 일어나고 있었다.

---

120) 《송사》 권487, 열전246, 외국3, 고려.
　　 《명사》 권320, 열전208, 외국1, 조선.

  그 하나는 조선 내부에 사회변동이 있어서, 문명전환이 일어날
수 있는 기반·배경을 조성하고 있는 일이었다. 학자들 가운데는
학문수준이 높아지는 가운데, 그리고 명(明)-청(淸)이 교체되어
오랑캐(夷)이었던 나라가 중국의 천자가 되는 가운데, 화이관을
재검토하고 이를 부정하며 조선과 중국과의 국가 대등론을 주장
하는 사람이 있게 되었다.[121]

  그런 가운데서도 중세사회를 지탱케 한 신분제도가 차츰 이완
되고,[122] 양란(兩亂) 뒤의 사회혼란과 모순구조가 심화되는 가운

---

121) 정옥자, 〈실학과 근대의식〉《한국사특강》(1990) ;《조선후기 조선중화
    사상연구》(일지사, 1998).
  한영우, 〈18세기 전반 남인 이익의 사론과 한국사 이해〉《조선후기 사학
    사연구》(일지사, 1998).
  한명기, 〈명청교체기 동북아 질서와 조선지배층의 대응〉《역사와 현실》
    37(2000).
  조성을, 〈실학의 화이관〉《조선후기 사학사연구》(한울, 2004).
  정창렬, 〈실학의 세계관과 역사인식〉《한국실학사상연구》Ⅰ 철학·역사학
    편(혜안, 2006).
122) 정석종, 《조선후기사회변동연구》(일조각, 1983).
  平木實, 《朝鮮後期 奴婢制 硏究》(지식산업사, 1982).
  전형택, 《조선후기노비신분연구》(일조각, 1989).
  김영모, 《한국사회계층연구》 1 조선후기편(일조각, 1982).
  이준구, 《조선후기신분직역변동연구》(일조각, 1993).
  조성윤, 〈조선후기 서울주민의 신분구조와 그 변화 —근대시민 형성의
    역사적 기원〉(연세대학교 대학원 박사논문, 1992).
  김용섭, 증보판 《조선후기농업사연구》Ⅰ, 제Ⅳ편, 사회구성의 변동 (지
    식산업사, 1995)
  한영우, 《과거, 출세의 사다리 —족보를 통해 본 조선 문과급제자의 신
    분이동》 1-4(지식산업사, 2013)

데, 시대를 앞서가는 학자들은 민(民)의 중요성을 인식 강조하고 '위민의식' '민주적 정치사상'을 내세우게 되었으며, 정부에서는 '민 국(民 國)'의 중요성을 함께 논의하게 되었다. 그리고 정조(正祖)는 이러한 분위기를, 민의 여론을 수렴하는 가운데, 민 본위로 개혁의 방향을 유도하고 있었다.123) 조선왕조의 국정교학인 주자학(朱子學), 특히 그 경제사상(토지론)을 정면으로 부정하고 비판하는 학자도 늘어났다.124)

---

123) 임형택, 〈정약용의 민주적 정치사상의 이론적·현실적 근거 —"탕론" "원목"의 이해를 위하여—〉《벽사 이우성 교수 정년퇴직기념논총 "민족사의 전개와 그 문화"》(창작과비평사, 1990) ; 《실사구시의 한국학》(창작과비평사, 2000).

김준석, 〈서계 박세당의 위민의식과 치자관〉《동방학지》 100(1998) ; 《조선후기정치사상사연구》(지식산업사, 2003).

이태진, 〈조선시대 민본의식의 변천과 18세기 '民國' 이념의 대두〉《국가이념과 대외인식 —17~19세기》(고려대학교 아시아문제연구소, 2002).

김인걸, 〈정조의 '국체' 인식〉《정조와 정조시대》(서울대학교출판문화원, 2011).

한우근, 〈병오소회등록의 분석적 연구〉《서울대논문집》 11(1965).

김용섭, 〈18세기 농촌지식인의 농업관 —정조말년의 "응지진농서"의 분석〉《한국사연구》 2(1968) ; 증보판 《조선후기농업사연구》 I (지식산업사, 1995).

안병욱, 〈조선후기 은은의 일단과 민의 동향〉《한국문화》 2(1981).

한상권, 《조선후기 사회와 소원제도》(일조각, 1996).

124) 김용섭, 〈선조조 〈고공가〉의 농정사적 의의〉〈주자의 토지론과 조선후기 유자〉〈조선후기 토지개혁론의 추이〉, 신정 증보판 《조선후기농업사연구》 II (지식산업사, 2007).

＿＿＿, 〈실학파의 농업개혁론〉, 신정 증보판 《한국근대농업사연구》 II (지식산업사, 2004).

과학사상이 발달하고, 세계지리서 《직방외기(職方外紀)》가 도입
되어 세계에 대한 시야가 넓어지고 있었다. 궁극적으로는 구래의
중국 중심의 천하관과 가치관을 뒤집을 수 있는, 도기이원론(道器
二元論)에 입각한 천문학(天文學) 지전설(地轉說) 과학기술 등 서학
(西學)으로서의 과학과 과학사상이 수용되었으며, 또 그 수용론이
제기되었다.[125]

이 무렵 중국을 거쳐 전해진 서양에 관한 지식은 지식인들에게
강렬한 자극을 주었다. 선교사들이 편찬한 서학(西學)서의 내용은
중국의 학문과 연원이 다른 학문·사상이 존재한다는 사실을 알게
하였다. 서학 가운데서도 종교 신앙(천주교)은 오랫동안 각계각층

---

125) 전상운, 《한국과학기술사》(정음사, 1994), 36~39.
　　＿＿＿, 《한국과학사의 새로운 이해》(연세대학교 출판부, 1998), 201~209,
　　568.
　　원재연, 〈조선후기 서양인식의 변천과 대외개방론〉(서울대학교 박사논
　　문, 2000).
　　구만옥, 《조선후기 과학사상사 연구 —주자학적 우주론의 변동》 I (혜
　　안, 2004).
　　조창록, 〈학산 서호수의 《열하기유》 —18세기 서학사의 수준과 지향—〉
　　《동방학지》 135(연세대학교 국학연구원, 2006).
　　천기철, 〈《직방외기》의 서술의도와 조선지식인의 반응〉《역사와 경계》
　　47(부산경남사회학회, 2003) ; 줄리오 알레니, 천기철 번역, 《직방외기
　　—17세기 예수회 신부들이 그려낸 세계》(일조각, 2005).
　　차미희, 〈조선후기 《직방외기》의 도입과 교육사상의 변화〉《17·18세기
　　조선의 외국서적 수용과 독서문화》(혜안, 2006).
　　문순실, 〈《직방외기》와 조선의 지식인 —그 수용과 영향에 관하여—〉
　　《駿台史學》 131(2007).

의 사람들 사이에 잠행 유포되었는데, 이는 어떠한 신앙형태이건 (보유론, 호교론) 궁극적으로는 유교질서를 부정함이었다.126)

그러나 이 같은 내부사정의 변화 가운데서도, 한글문화의 발달·보급은 무엇보다 주목해야 할 일이었다고 하겠다. 이는 한글·한자 통합문명으로서의 한글문화로서, 이 시기의 서민대중에게 중세적 질서를 부정하는 반봉건의 사회의식을 고취하고 있었다. 19세기에 들어오면, 이러한 의식을 가진 한글문화가, 민중사회에 깊숙이 스며들고 광범하게 파급되고 있었다. 그리고 이 시대사조는 반봉건 농민항쟁—민란과 농민전쟁—의 배경을 조성하게까지 하였다.127)

---

126) 한우근, 〈천주교전파와 이조봉건사회〉《역사학연구》 1(정음사, 1949).

　류홍렬, 《한국천주교회사》(가톨릭 출판사, 1962).

　　　, 《고종치하 서학수난의 연구》(을유문화사, 1962).

　이원순, 《한국천주교회사연구》(한국교회사연구소, 1986).

　　　, 《조선서학사연구》(일지사, 1986).

　최소자, 《동서문화교류사연구 —명·청시대서학수용》(삼영사, 1987).

　조　광, 《조선후기 천주교회사 연구》(고려대학교 출판부, 1988).

　강재언, 《조선의 서학사》(민음사, 1990).

　김기협, 〈마테오 리치의 중국관과 보유역불론〉(연세대학교 대학원 박사 논문, 1993).

　장정란, 〈중국과 한국 최초의 호교론에 나타난 그리스도교 인식 —서광계의 "변학장소"와 정하상의 "상재상서"〉, 최소자교수 정년기념논총 간행위원회 편, 《동아시아 역사속의 중국과 한국》(서해문집, 2005).

127) 주 116)의 여러 책들과 다음의 논문을 참조.

　임형택, 〈흥부전의 역사적 현실성〉《한국문학사의 시각》(창작과비평사, 1984).

　조동일, 〈민중의식〉《한국설화와 민중의식》(정음사, 1985).

■ 서구문명 서구열강의 성장과 아시아 진출

다른 하나는 조선 밖으로부터 자유·평등·박애의 정신을 표방하며 근대국가를 건설하고, 궁극적으로는 인간사회의 민주화를 지향하는 서구문명 서구열강이, 아시아로 동진해온 일이었다. 물론 그들이 선의의 뜻만으로 온 것은 아니었다. 서구문명 서구열강은 기계문명과 산업의 발달 그리고 제국주의의 군사력을 바탕으로 東아시아 세계를 정복하며 들어왔다. 東아시아 여러 나라들로 하여금 서구문명을 받아들이도록〔문호개방·문명전환〕요구하며, 식민지(植民地)로 시장(市場)으로 강점하였다.

자유·평등·박애와 제국주의의 식민정책이 표리관계에 있었다. 東아시아 문명의 주체국인 중국을 비롯하여 그 천하체제의 질서 속에 살아온 여러 민족 국가들이, 이제는 그들의 구래의 문명과 질서를 벗어나, 새로운 서구문명을 받아들이고 문명전환을 하지 않으면 안 되게 되었다.

─────────────
권순근, 〈민중의식의 성장과 판소리 문학〉《민족문학사강좌》 상(창작과 비평사, 1995).
김현양, 〈민중연희의 전통과 탈춤의 성장〉 같은 책.
진경환, 〈19세기 반봉건항쟁과 문학적 대응〉 같은 책.

3. 東아시아 3국의 문명전환

1) 한·중·일 3국, 문명전환의 방법에 차이

■ 日本의 문명전환

이때에는 문명전환이 빠르면 빠를수록 좋았다. 여러 나라들 가운데 선두에 선 것은 東아시아체제의 외곽에 위치하고 있었던 일본(日本)이었다.

東아시아 문명 속에서 주변국가이었던 일본은 이미 오래전부터 서양과 교섭(무역)이 있었으므로, 동도서예(東道西藝)의 논리로, 봉건적 정치체제를 신속히 개혁하고, 서구의 기계문명 실용문명을 적극 수용하였다. 일본은 전통사상에 바탕을 둔 천황제(天皇制−살아 있는 신)체제의 근대국가·군사대국 대일본제국(大日本帝國)을 건설하였다[明治維新]. 또한 아시아와 결별·탈아(脫亞)하고 제국주의국가가 되어 이웃 나라들을 침략하였다. 그리고 제국주의국가 상호간의 전쟁을 통해[태평양전쟁]], 이루 말할 수 없는 희생을 치른(미군의 原子폭탄 투하) 후, 종전이 된 뒤에야 평화헌법을 제정하고 천황제(天皇制−살아 있는 사람) 아래에서 서구식 민주국가를 지향하게 되었다.128)

---

128) 민두기, 주 129)의 논문.
　　高橋幸八郎·永原慶二·大石嘉一郎 編, 차태석·김이진 역,《日本近代史論》
　　（지식산업사, 1981）.

■ 中國의 문명전환

중국도 오래 전부터 서양을 잘 알고 교섭도 하고 있었다. 그러나 東아시아 문명권의 종주국·천자의 나라가 스스로의 체제를 포기하고 문명을 전환할 수는 없었다. 그래도 시국은 이 문제를 비켜갈 수 없었다. 몇 단계에 걸치면서 이를 정책상에 반영시켰다.

처음에는 제국주의국가들의 침략을 받는 가운데, 중체서용(中體西用)의 자세로, 서구문명을 수용함으로써 문제를 해결하려 하였다.129) 이어서 그 후에는 황제(皇帝)체제를 개혁하여 서구식 국민국가 중화민국(中華民國)을 수립하였다〔辛亥革命〕. 대변혁이었다. 그러나 이로써도 문제가 수습되지 않았다.

다시 그 뒤에는 좌우 정치세력 사이의 내전 및 일제(日帝)와의 전쟁을 거치면서, 신민주주의(新民主主義)의 혁명이론에 의해 거대한 사회주의국가 중화인민공화국(中華人民共和國)에 도달하였다. 그러면서도 산업경제 경제질서는, 서구 자본주의와 다른 국가주도의

───────────

피터 두우스, 김용덕 역,《일본근대사》(지식산업사, 1983).

김용덕,《일본근대사를 보는 눈》(지식산업사, 1991).

정일성,《후쿠자와 유키치 ―탈아론(脫亞論)을 어떻게 펼쳤는가》(지식산업사, 2001).

정명환,〈마루야마 마사오의《일본의 사상》―일본의 근대화와 사상적 구조〉《사상계》1968년 6월호 ;《문학을 생각하다》(문학과 지성사, 2003).

_____,〈후쿠자와 유키치의 세권의 책〉《사회비평》1990년 8월호 ;《문학을 생각하다》(문학과 지성사, 2003).

129) 민두기,〈중체서용론고〉《동방학지》18(1978) ;《중국근대개혁운동의 연구》(일조각, 1985).

王爾敏,〈淸季知識分子的中體西用論〉《晚淸政治思想史論》(1969).

거대한 자본주의 시장경제로서, 서방진영 미국에 버금가고 있다.

이 변화는 東아시아 유교문명권의 종주국에서, 서구식 문명국가로의 대전환이었다. 그러나 그러면서도 이때의 전환은, 과거의 東아시아 문명을 폐기한 듯하면서도 그 정신을 그 내면에 그대로 살리고, 재기불능의 위기를 맞은 듯하면서도 살아날 수 있는 기회를 절대로 놓치지 않는, 중국민족 특유의 문명전환 세계화이었다.

그뿐만 아니라 중국은 그 후에도 변화 중이며, 그 변화에 대한 방향모색이 ① 유학부흥론 ② 비판계승론 ③ 서체중용론 ④ 철저재건론 ⑤ 기타 등등 다양하게 추구되고 있다.130)

■ 朝鮮의 문명전환

조선에서도 제2차 문명전환의 소용돌이 속에서, 중세국가의 모순을 타개하고 신 사회를 건설하고자 했던 바탕 위에서, 그리고 일본 제국주의의 침략과 강점으로부터 탈출하기 위해서, 문명전환 즉 서구문명을 적극 수용하지 않으면 안 되었다.

---

130) 北京師範大學 歷史系, 《中國現代史 —1919~1949》 上·下(北京師範大學出版社, 1983).

　체스타 탄, 민두기 역, 《중국현대정치사상사》(지식산업사, 1977).

　장 셰노 외, 신영준 역, 《중국현대사》(까치, 1982).

　민두기 편, 《중국현대사의 구조》(청람, 1983).

　한국철학사상연구회 논전사분과 편, 《현대중국의 모색 —문화전통과 현대화 그리고 문화열》(동녘, 1992).

　백영서, 〈중국의 국민국가와 민족문제 —형성과 변형—〉《東아시아의 귀환》(창작과비평사, 2000).

　유용태, 〈20세기 중국혁명의 이해, 신민주주의론을 재음미하며〉《환호속의 경종》(휴머니스트, 2006).

이때의 변동(제2차 문명전환)을 문명사적으로 말한다면, 이는 근
대의 정치·경제·사회·사상·기계문명을 중심으로 한 서구문명과
중세의 화이사상 천하사상 천하체제를 중심으로 한 유교문명과의
대립·충돌이었다.[131] 그러므로 조선에서는 이러한 제2차 문명전
환에 대응하는 변통(變通)의 논리를 세우지 않으면 안 되었다. 그
변통의 논리는, 그 문명전환이 역사적으로는 근대세계로 가는 시
대사조이었으므로, 서구문명을 적극 수용하되 빠르면 빠를수록
좋았다. 그뿐만 아니라 그것은 구체제에 연연하는 소 변통(變通)이
아니라, 앞날을 내다보는 대 변통 대 변혁일수록 좋았다.

그러나 이때의 조선왕조에서는 모든 면에서 이러한 문제에 대
비하는 준비가 부족하였다. 무엇보다도 변동하는 시국에 대비한
지략 있는 인재를 양성하지 못하였다. 구체제의 개혁을 제론(提論)
하는 지식인이나, 그 개혁을 주장하며 봉기한 민을 적으로 돌리고
있었다. 국왕도 난국을 돌파할 개명군주로서의 식견과 통치력이
부족하였다. 이는 조선왕조를 이끌어가는 정치사상을 중화사상
유교사상에만 의존하였기 때문이었다.

조선에서는 변통의 논리 원칙을, 개화기의 '동도서기(東道西器)'
갑오개혁에서 대한제국기의 '구본신참(舊本新參)'등으로 변동하는

---

131) 김도형,《대한제국기의 정치사상연구》(지식산업사, 1994).
    도날드 베이커, 김세윤 역,《조선후기 유교와 천주교의 대립》(일조각, 1997).
    정재식,《한국유교와 서구문명의 충돌 —이항로의 척사위정 이데올로
    기》(연세대학교 출판부, 2005).

가운데, 난국을 돌파하려 하였으나, 이로써 이 시기 문명전환의 파고를 넘기에는 역불급이었다. 이때의 제2차 문명전환은 제국주의의 침략을 동반하고 있었는데, 이에 대해서는 더욱 준비가 부족하였으며, 결국 일본 등 제국주의 국가들의 침략을 받게 되었다.

그러므로 이러한 제국주의 침략 아래에서, 우리는 문명전환에 대한 변통의 논리 전략을, 조선왕조에서와는 달리 새롭게 세우지 않으면 안 되었다. 그 변통의 논리 전략은 일제에 대하여 민족해방을 쟁취하는 한편, 서구문명을 수용하여 국가와 문명을 새롭게 건설할 것을 준비하지 않으면 안 되었다. 다시 말하면 이 양자는 하나의 문제였으므로, 우리는 이를 하나로 결합하여, 민족해방 국가재건을 성취하지 않으면 안 되었다.

그리하여 일제 침략 아래에서의 민족해방 국가재건 운동에서는, 문명전환에 대응하는 변통의 논리가 변법개혁(變法改革) 변혁(變革)의 논리로까지 확대 강화되었다. 국민국가(國民國家) 민주공화국(民主共和國) 인민공화국(人民共和國)의 건설을 추구하는 데까지 이르게 되었다. 여러 계통의 애국지사들에 의해서, 문명전환, 세계화, 근대화, 민주화 정책이 급속도로 추진되었다.

그리고 연합국에 의한 해방을 거치는 가운데, 동서냉전체제의 형성, 한반도의 남북분단, 미군정(美軍政)과 쏘 군정(蘇軍政)의 시행이라고 하는 새로운 충격을 겪으면서, 남북에 각각 국체(國體)를 달리하는 두 나라가 수립되었다. 남에는 사회민주주의의 이념을 담은 〈제헌헌법〉으로 출발하여, 그 후 '자유민주적 기본질서'로서의 '자유 민주주의 자본주의의 민주공화국'이, 북에는 '인민민주주의 사회주의의 인민공화국'이 수립된 것이다.

2) 한국의 헌법제정과 문명전환상의 특징

우리는 남의 경우에 관하여 헌법을 통해서, 그 국체변동의 추이를 좀 더 살피는 것이 좋겠다. 남에서는 처음 정한 〈제헌헌법〉에서의 국체가 그 후 크게 변동하였기 때문이다.

우리는 이러한 헌법의 변동과정을 통해서, 이때의 우리 문명전환이 어떤 형태의 국가와 경제사회에 정착하였다가, 어떠한 형태의 국가와 경제사회로 이행하였는지 살필 수 있을 것이다.

그리고 그러기 위해서는, 무엇보다 먼저 〈제헌헌법〉의 문명전환상의 특징에 관하여, 살피는 것이 선행되어야 하겠다.

■ 〈제헌헌법〉

이 헌법에서 본서의 문명전환 세계화와 관련되는 부분을 발췌 정리하면 다음과 같다.

　전 문(前文 - 헌법의 기본정신),

　　… 모든 사회적 폐습을 타파하고 민주주의 제 제도를 수립하여, 정치 경제 사회 문화의 모든 영역에 있어서, 각인의 기회를 균등히 하고 능력을 최고도로 발휘케 하며, 각인의 책임과 의무를 완수케 하여 안으로는 국민생활의 균등한 향상을 기하고 …

제1장 총 강(국체의 명시)

제1조, 대한민국은 민주공화국이다.

제5조, 대한민국은 정치 경제 사회 문화의 모든 영역에 있어서 각인의 자유 평등과 창의를 존중하고 보장하며 공공복리의 향상을 위하여 이를 보호하고 조정하는 의무를 진다.

제2장 국민의 권리의무

제18조, 근로자의 단결, 단체교섭과 단체행동의 자유는 법률의 범위 내에서 보장된다.

　영리를 목적으로 하는 사기업에 있어서는 근로자는 법률의 정하는 바에 의하여 이익의 분배에 균점(均霑)할 권리가 있다.

제19조, 노령, 질병 기타 근로능력의 상실로 인하여 생활유지의 능력이 없는 자는 법률의 정하는 바에 의하여 국가의 보호를 받는다.

제6장 경 제

제84조, 대한민국의 경제질서는 모든 국민에게 생활의 기본적 수요를 충족할 수 있게 하는 사회정의의 실현과 균형 있는 국민경제의 발전을 기함을 기본으로 삼는다. 각인의 경제상 자유(제5조, 제18조 사기업의 활동)는 이 한계 내에서 보장된다.

제86조, 농지는 농민에게 분배하며 그 분배의 방법, 소유의 한도, 소유권의 내용과 한계는 법률로서 정한다.

■ 〈제헌헌법〉의 기본정신

이에 따르면, 이 〈제헌헌법〉의 기본정신은 민주주의에 의한 민주공화국을 수립하고, 민주주의 제 제도를 수립하여 국민생활의 균등한 향상을 기하고자 하는 데 있었다. 그 경제기반은 영리를 목적으로 하는 사기업의 자유활동을 허용하나(제18조, 제5조 경제상 각인의 자유 평등 창의를 존중), 그것은 농지개혁 중소기업의 존재와도 관련, 경제질서 전반에 걸친 균형 있는 국민경제의 발전(제84조)을 전제로 하는 것이었다. 그러므로 이 〈제헌헌법〉의 민주주의는, 기업인의 경우 개인의 자유를 무한정 보장하는 것이 아니라, 경제상 성장 발전 활동의 자유를 크게 제약하는 것이었다고 하겠다.

말하자면 이 헌법에서, 그 제5조의 경제상 자유―기업인·자본가의 자유로운 성장과, 제84조 중소기업도 포함한 대다수 국민의 균형 있는 국민경제의 발전―경제질서 민주화의 정신은 상극하고 상충하는 것이었다. 그러므로 이 헌법에서 그 민주주의를 성공적으로 정착시키고 실현하기 위해서는, 이 두 경제세력 경제질서 민주화의 정신을 어떻게 균형 있게 조정해나갈 것인가에 달려 있었다.

■ 상충하는 헌법을 제정한 사정

그러면 이 〈제헌헌법〉의 기초자들은 어찌하여 이같이 상충하는 내용의 헌법을 마련하였을까? 우리는 이에 관하여 좀 더 살피는 것이 좋겠다.

〈제헌헌법〉은 영리를 목적으로 하는 사기업(私企業)경영의 자유를, 국영·공영기업과 더불어, 국민의 권리로서 인정하면서도, 그

경제질서를 자유로운 '자본주의'로서 명시적으로 내세우지 않았
다. 그뿐만 아니라 〈제헌헌법〉에서는 '경제질서는 모든 국민에게
생활의 기본적 수요를 충족할 수 있게 하는 사회정의의 실현과 균
형 있는 국민경제의 발전을 기함을 기본으로 삼으며, 각인의 경제
상 자유는 이 한계 내에서 보장된다'고 하여, 기업경영의 자유와
자본의 독주·독점에 큰 제약을 가하고 있었다.

　〈제헌헌법〉의 이러한 사정은 이 시기 우리 문명전환의 한 특징
이었다고 하겠다. 그 국가는 서방진영의 자본주의 근대문명 수용
을 지향하면서도, 그 헌법에는 농지개혁, 기업의 사회정의, 균형
있는 국민경제 발전 등 경제질서 민주화의 정신을 크게 반영시키
고 있었다. 이 시기 우리의 문명전환은, 한말에 수행했어야 했던
경제 근대화정책(농지개혁)도 병행하되, 이념적으로 이와 상응하는
서구 근대의 자본주의문명을 수용하고자 하는 것이었다.

　그러기 위해서는 우리의 서구문명 수용이, 서구 자본주의문명
의 근대화과정 초기에서와 같이, 자본만능의 특권을 허용하는 것
이 되어서는 안 되었다. 그들이 그 자본주의문명의 부정적 측면—
자본가 위주의 경제질서, 자본주의·제국주의의 식민지지배, 제국
주의 국가들의 세계전쟁 등—을 다 경험한 뒤, 그것을 다소나마
시정하고 개량하기 위하여, 20세기에 들어 진보적 정치사상, 복지
정책, 사회민주주의, '유럽의 제 민주신헌법' 등도 받아들이며, 스
스로 변신하고 있는, 사회민주주의와 같은 개량된 자본주의 문명
을 수용하지 않으면 안 되었다.

■ 시대상황과 헌법 기초자의 헌법제정의 정신

이때에는 세계의 동서냉전체제가 대치하고, 우리의 분단 남북이 대립하고 있었으므로, 그 문명전환 그 국가건설에서는 최소한 이 같은 시대상황을 배려한 중도적 절충적 자세가 필요하였다. 헌법 기초자(유진오)의 '헌법제정의 정신'도 여기에 있었다. 그는 미국식 정치적 민주주의와 쏘련식 사회 경제적 민주주의를 종합하고 조화시키려 하였다. 이는 서방진영의 20세기 선진국 자본주의 국가가 가고 있는 '사회민주주의'의 이념 그것이었다. 헌법 기초자는 그러한 20세기 문명 헌법의 수용을 목표로 삼고 있었다.

그러한 점에서 〈제헌헌법〉의 균형 있는 국민경제 발전 - 경제질서 민주화 정신은, 한말 일제하 이래로 형성되고 있었던, 민족주의 경제사상의 중도적 정치인과 지식인의 입장에서, 앞날의 남북문제까지도 풀어나가고자 하였던 사상, 시대사조를, 사회민주주의의 이념으로 집약하고 반영한 것이었다고 하겠다.

■ 경제민주화 실현의 난점

그러나 바로 그러한 점에서 〈제헌헌법〉의 경제민주화 정신을 실현하는 일은, 6·25전쟁 이후에는 현실 정치세력의 사상과 세(勢)에 비추어, 결코 쉽지 않은 과제가 되는 것이었다고 하겠다.

여기서 무엇보다 먼저 생각하게 되는 것은, 6·25전쟁을 겪고 난후의 우리 사회는 사상의 흐름으로 볼 때, 중도 민주세력과 우경화세력이 격렬하게 대립하는 가운데, 국가정책이 우경노선으로 체제를 굳혀나가고 있는 일이었다. 이는 이 시기 우리의 문명전환이, 〈제헌헌법〉을 제정할 때 취하였던 방향과는 달리, 경제질서를 대자본가가 중심이 되는 방향으로 이끄는 것이었다.

그러한 사정은, 그 후의 체제유지를 위한 법 제정과 개정의 동향에서 살필 수 있다. 〈국가보안법〉의 제정(1948년) 개정과정(1958년, 1980년)과 〈반공법〉의 제정(1961년) 개정과정(1968년)은 그 단적인 예이었다. 그리고 이와 아울러서는, 헌법의 개정과정이 또한 보조를 같이하고 있었다. 국가체제는 헌법으로서 규정되고 명시되기 때문이었다.

3) 한국의 헌법 개정과 문명전환상 특징의 변동

본서의 관심사와 관련하여, 헌법상에서 문명의 전환이라고 하는 큰 변동을 찾는다면, 우리는 그것을 〈제헌헌법〉이래로, 6·25전쟁을 거치고, 특히 5·16 군사정권의 등장을 거친 후, 〈1962년 헌법〉〈1969년 헌법〉〈1972년 헌법〉〈1980년 헌법〉〈1987년 헌법〉 등, 여러 차례 있었던 부분적인 헌법 개정을 통해서 확인할 수 있다. 우리는 이러한 헌법 개정을 통해서, 이때의 문명전환이 〈제헌헌법〉의 국가체제와 경제사회를, 어느 방향으로 어떻게 변화시켰는지 파악할 수 있다.

■ 〈1962년 헌법〉

이 헌법에서는, 앞에 제시한 〈제헌헌법〉 총강 제5조의 '정치 경제 사회 문화의 모든 영역에 있어서 각인의 자유 평등과 창의를

214 V. 한민족의 제2차 문명전환과 세계화 — 서구문명의 수용

존중하고' 항을 해체하여, 그 각각을 전론(專論)하는 부분으로 돌리되, 경제질서 조항에서는, 그 해체한 총강 제5조의 '개인의 경제상의 자유와 창의를 존중함'을 경제질서의 기본으로 삼아, 그 조항의 전면에 내세웠다. 그리고 〈제헌헌법〉에서 '각인의 경제상 자유는 이 한계 내에서(균형 있는 국민경제의 발전) 보장된다'고 하였던 제약을 풀었다. '균형 있는 국민경제 발전'은 단서를 붙여서 뒤로 돌렸다. 〈제헌헌법〉의 경제질서를 근본적으로 뒤집는 대 변동이었다.

이는 헌법상 경제질서의 변동에 그치지 않고, 현실 산업 경제상의 대변동의 예고였다. 그러므로 헌법 개정자의 입장에서는, 헌법을 그렇게 개정함으로써 산업 경제가 단시일 내에 폭발적으로 발전하더라도, 그 결과 사회적 약자만이 불이익을 당하지 않도록, 대책을 마련하지 않으면 안 되었다. 〈1962년 헌법〉에서는 그것을, 앞에 제시한 〈제헌헌법〉 제18조의 근로자의 단결 단체교섭 단체행동의 자유를 재확인하는 것으로서 마련하고, 〈제헌헌법〉 제19조의 사회보장 사회복지제도를, 국가차원에서 더욱 확대 증진할 것임을 약속하고 확인하는 것으로서 마련하였다. 그 후의 헌법 개정에서도 그 원칙은 그대로 유지되었다.

■ 〈1972년 헌법〉

이 헌법의 전문(헌법의 기본정신)에서는, 〈제헌헌법〉 전문의 '민주주의 제 제도'에, 〈1962년 헌법〉에서 해체한 총강 제5조 '정치 경제 사회 문화상의 자유' 특히 경제상 자유를 결합하여, '자유민

주적 기본질서'로 개정하였다. 이 규정은 〈1962년 헌법〉의 경제질
서 개혁을 정치 경제 사회 문화의 모든 면으로 확대 강화하는 것
이 되었고, 그 후의 헌법에 그대로 계승되었다.

■ 〈1980년 헌법〉

이 헌법에서는 경제질서의 규정을 〈1972년 헌법〉의 그것을 그
대로 따르되, 대자본 대기업의 '독과점의 폐단은 적절히 규제 조
정한다'는 점을, ③항으로서 보충하였다.

■ 〈1987년 헌법〉

이 헌법은 군사정권이 민정으로 넘어갈 무렵 마지막으로 개정
한 헌법이었다. 그 전문에서는 '자유민주적 기본질서'를 그대로
명시하고, 경제질서는 그간에 있었던 여러 헌법이 개정한 규정을,
우리가 현재 잘 알고 있는, '헌법 제119조'로 다듬고 종합 정리하
였다. 그 내용은 다음과 같다.

제119조, ① 대한민국의 경제질서는 개인과 기업의 경제상의 자유와
    창의를 존중함을 기본으로 한다.
② 국가는 균형 있는 국민경제의 성장 및 안정과 적정한 소득의 분배
    를 유지하고, 시장의 지배와 경제력의 남용을 방지하며, 경제주체
    간의 조화를 통한 경제의 민주화를 위하여 경제에 관한 규제와 조
    정을 할 수 있다.

■ 헌법 개정의 결과

이상과 같은 일련의 개헌과정을 통해서는 헌법상에 몇 가지 큰 변화가 있게 되었다. 무엇보다도 주목되는 것은,

첫째, 앞에서 설명한 바와 같이, 경제질서의 성격규정에 큰 변화가 있게 된 점이다. 이 문제에 관해서 〈제헌헌법〉에서는 경제질서 민주화 균형 있는 국민경제의 발전에 중점을 두었고, 따라서 대기업 대자본이라 하더라도 경제질서를 독점적으로 주도하고 지배할 수 없도록 제한하였었다(경제 제84조). 그런데 〈1962년 헌법〉에서는 이 규정을 개정하여, '개인의 경제상의 자유와 창의를 존중'할 것을 강조하는 가운데, 이를 경제질서의 기본으로 삼아 그 전면에 내세웠다. 대기업 대자본이 경제사회에서 자유롭게 활동할 수 있게 되었으며, 경제질서 민주화의 문제는 부수적인 문제로 다루어지게 되었다.

둘째, 민주주의의 개념에 변화가 있게 된 점이다. 즉, 〈제헌헌법〉에서는, '민주주의'가 사회적 약자에 초점을 맞춘 것이었는데, 〈1972년 헌법〉에서는, 그 '민주주의'에 〈1962년 헌법〉에서 해체하였던 총강 제5조의 자유, 특히 경제상 자유, 즉 대자본가에게 경제상 활동의 자유를 허용한 그 자유를 관사로서 결합하여, '자유민주적 기본질서'로 개정하고 있었다.

민주주의의 개념이 대자본가가 중심이 되는 '자유민주주의'의 방향으로 좁혀졌으므로, 이를 '자유민주적 기본질서'로 표방하였다. 남북의 체제 헌법정신을 대립구도로 이끌어가는 것이 되었다.

셋째, 이 같은 헌법상 변화는, 요컨대 경제계 경제질서를 움직이는 경제세력을 대기업 대자본가 중심으로 교체함으로써, 〈제헌헌법〉과는 달리, 국가와 사회가 철저한 자본주의국가 자본 위주의 체제로 개편케 되었다는 점이다.

이때에는 국내경제의 사정이, 전후복구 전후재건 경제개발 경제발전의 시대적 요청에 따라, 그 자금 확보를 위해서 한·일간 국교도 성사시키고 있었으므로, 이제는 그 사업을 추진할 수 있는 능력 있는 경제세력을 법적 제도적으로 뒷받침하고 지원할 필요가 있었다.

그리하여 〈제헌헌법〉에 대한 일련의 개혁과정을 통해서, 〈1962년 헌법〉에서는 '개인의 경제상의 자유와 창의를 존중'한다는 점을 강조하는 가운데, 대기업 대자본의 자유로운 활동을 보장하고, 〈1972년 헌법〉 이래로는 이를 정치 경제 사회 문화의 모든 영역으로 확대하여, '자유민주적 기본질서'로 표방함으로써, 이를 한국 민주주의와 자본주의의 표상으로 내세우게 되었다. 이때의 헌법 개정운동은 역사를 소급해 가는 일종의 부르주아 혁명운동이 되었다.

끝으로, 〈제헌헌법〉의 개정 결과는, 한국의 전통적 東아시아 문명 농업위주의 사회를, 서구 근·현대 자본주의문명 금융 상공업중심의 사회로 문명전환시켰다. 20세기 후반 이후는 이 문명전환의 과정이었다. 한국은 대기업 대자본이 그 경제사회를 이끄는 철저한 자본주의국가가 되었다. 그 국가와 정치 경제 사회를 이끄는 가치관 또한 서구의 정치사상 사회사상으로 교체되고 있다.

4) 문명전환에 따른 한국 경제사회의 문제점

■ 문명전환은 경제사회에 양지와 음지를 조성

제2차 문명전환은 전 세계적 규모의 대 변환 대 격동이었다. 그 파고는 마치 태평양 저쪽에서부터 밀려오는 해일과 같았다. 그러나 문화전통이 탄탄하고 조직력이 강한 국가들은, 중국이 그렇고 일본이 그렇듯이 그 파고를 타고 넘어, 문명전환한 건너편 사회에 안착한 듯이 보인다. 한국도 그러하다.

과거의 東아시아 문명권은 하나의 지역단위 세계 문명권으로서, 자기의 문명, 자기의 정치 경제 사회 문화를 체계화하고, 나름의 상품경제를 또한 오랫동안 발전시켜왔으므로, 그 국가들은 그 바탕 위에서 이번 문명전환을 무난히 넘어설 수 있었다. 스스로의 고유문명을 바탕으로 하면서 서구문명을 적극 수용함이었다.

그러나 이 세계사적 규모의 대 변환의 파고를, 용케 타고 넘은 나라라 하더라도, 그 결실은 민의 희생을 전제로 하면서 얻어진 것이었다. 그 문명전환에는 양지가 있는 반면 음지도 있었다. 음지를 희생으로 하는 가운데 양지가 있을 수 있었다.

한국의 경우 새로운 문명사회가 형성되는 과정은, 구 사회가 분해 재편성되고, 신 사회가 조성되는 과정이었다. 그 문명전환에서는 구시대의 가치관—신분 귀천은 밀려나고, 신시대의 가치관—능력 금력이 존중되는 가운데, 대대적인 사회변동이 일어났다. 양극화는 심화되었다. 부의 성장을 구가하는 계층이 있는가 하면, 노·사간의 갈등구조는 심화되고, 무직자·노숙자·자살자도 있게 되었다. 이 추세에 제동을 걸고자 한, 헌법 개정자의 노동 복지정책도 기대한 만큼의 효과는 없었다.

■ 경제사회의 문제점, 해결해야 할 과제

문명의 전환 경제발전을 위해서는 대기업 대자본의 활동이 필요하다. 그러나 그것은 동시에 대다수 국민을 위한 안정되고 균형 잡힌 경제사회의 유지를 전제로 해야 한다. 대자본이 독주하면 그러한 사회를 기대하기 어렵다. 그러기 위해서는 먼저 문명전환에 따라 형성된 경제사회의 문제점, 양지와 음지의 문제를 풀어나가는 것이 필요하다.

그럴 경우 경제사회의 문제점은 애초에 〈제헌헌법〉을 개정하는 문제와 관련하여 발생하였으므로, 그 해결방안 또한 헌법상의 문제로서 조정하고 해결해야 할 것이다. 이를테면 헌법상에 명시한, 대자본의 경제력남용에 대한 통제규정은 철저하게 지키고, 경제 제도상으로 균형 있는 국민경제 경제민주화를 실현하는 문제도 시행해야 할 것이다.

이를 좀 더 부연하면, 그동안의 경제발전은 양자택일 강자위주의 논리로서 성취된 경향이 있고, 거기에는 근본적으로 문제가 있었다. 그러므로 앞으로의 경제정책은 〈제헌헌법〉을 다시 숙고 음

미하고, 경제민주화에 관한 국내외의 사례와 연구도 참작하는 가
운데, 양자절충 양자종합의 논리로서, 해결방안을 찾아야 하는 것
이 순리가 아닌가 한다.[132)

---

132) 한우근, 〈개항당시의 위기의식과 개화사상〉《한국사연구》 2(1968).

　　김용섭, 〈광무연간의 양전·지계사업〉〈광무개혁기의 양무감리 김성규의
　　사회경제론〉《아세아연구》 31·48(1968·1972) ; 신정 증보판 《한국근
　　대농업사연구》 Ⅱ (지식산업사, 2004).

　　신용하, 《한국근대사회사연구》(일지사, 1887).

　　한국탁지부, 《현행 한국법전》(일한서방, 1910).

　　정종섭 교감 편, 《한국헌법사문류》(박영사, 2002).

　　고려대학교 박물관, 《현민 유진오 제헌헌법 관계 자료집》(2009, 고려대
　　학교 출판부).

　　대륙연구소, 《북한 법령집》 제1~4집(1990).

　　유진오, 《신고 헌법해의》(일조각, 1952).

　　＿＿＿, 〈헌법제정의 정신〉, 〈우리 헌법의 윤곽 —18세기 헌법과 20세기
　　헌법—〉, 현민유진오박사고희기념논문집 간행위원회, 《헌법과 현대법
　　학의 제문제》 부록(일조각, 1975).

　　＿＿＿, 《미래로 향한 창 —역사의 분수령에 서서—》(일조각, 1977).

　　＿＿＿, 《헌법기초회고록》(일조각, 1980).

　　김철수, 〈유진오의 헌법초안에 나타난 국가형태와 정부형태〉《헌법정치
　　의 이상과 현실》(소명출판, 2012) ; 《한국사 시민강좌》 17(일조각,
　　1995).

　　신용옥, 〈대한민국 헌법상 경제질서의 기원과 전개(1945~54년) —헌법
　　제·개정 과정과 국가자본 운영을 중심으로—〉(고려대학교 대학원 박
　　사논문, 2006).

　　홍성찬 편, 《농지개혁 연구》(연세대학교 출판부, 2001)에서는 각계 각층
　　의 농지개혁에 관한 견해를, 신기욱 전상인 방기중 김성보 홍성찬 우대
　　형 김성호 교수들이 분담 집필하고 있다.

　　방기중, 《근대한국의 민족주의 경제사상》(방기중 저작집 2, 연세대학교
　　출판부, 2010).

_____, 《분단한국의 사상사론》(방기중 저작집 5, 연세대학교 출판부, 2010).

유용태 엮음, 《동아시아의 농지개혁과 토지혁명》(서울대학교 출판문화원, 2014), 집필진은 다음과 같다.
홍성찬 조석곤 이용기 김성보 쇼지슌사쿠 쉬 스롱 랴오리민 전현수 유용태 올리비에 떼시에

박호성, 《사회민주주의의 역사와 전망》(책세상, 2005).

박원순, 《국가보안법연구》 1 – 국가보안법 변천사, 부록 – (역사비평사, 1989).

서동만, 〈북조선에 있어서의 사회주의 체제의 성립, 1945~61〉(토오교대학교 박사논문, 1995).

박찬승, 〈임시정부와 대한민국 헌법의 계승성〉 "광복절기념 학술심포지엄"(독립기념관 한국독립운동사연구소, 2012. 8. 7).

허수열, 〈1945년 해방과 대한민국의 경제발전〉 동상.

윤기중, 《한국경제의 불평등 분석》(박영사, 1997).

박광순, 〈한국사회의 양극화 심화되고 있는가? —소득·임금 격차의 동향〉《국제학술교류보고서》 제3집(대한민국학술원, 2012).

헌법상의 경제민주화 문제에 관해서는, 그 사안의 중요성에 비추어, 기왕에 많은 학자들의 연구가 있었다. 그리고 최근에는 경제계의 사정과도 관련, 국회에서 민주당 주관으로 전문학자들에게 위촉하여 연구발표와 토론회를 가졌다. 참여자와 논문제목은 다음과 같다.
주 제 ; "헌법 제119조, 우리시대에 던지는 의미는?", 국회 도서관, 2011. 8. 10.
제1세션
오동석, 헌법상 경제민주화 조항 해석론.
최재천, 시민주권과 헌법애국의 기반으로서 헌법 제119조 제2항.
김하열, 헌법 제119조가 우리 시대에 던지는 의미.
제2세션
이병천, 헌법 제119조와 민주공화국의 경제이념 ; 재벌공화국에서 민주공화국으로.
유종일, 경제민주화의 개념, 필요성 및 과제.
이정우, "헌법 제119조와 민주공화국의 경제이념" "경제민주화의 개념,

4. 한민족의 문명전환 운동과 문화주체

■ 문명전환 운동과 한글문화

제2차 문명전환 과정에서, 우리나라의 경우, 그것을 이끄는 문명전환 운동의 주체는, 처음에는 유교문화 속의 진보적 인사들에 의한 학문적 또는 한자문화가 중심이었으나, 세월이 흐름에 따라 차츰 우리 문명의 기본특징 기본정신을 담고 있는 한글문화의 주체로 그 중심이 이동하였다. 이는 문명전환 운동의 확산 대중화를 의미하는 것이었다.

한글문화에 의한 문명전환 운동은 두 가지 형태로 전개되고 있었다. 하나는 순수한 한글문화 운동이고, 다른 하나는 한글·한자(漢字) 통합의 문화운동이었다. 전자가 국민 대중 전체를 대상으로 하였음에 대하여, 후자는 주로 유교문명에 젖은 식자층을 계몽의 대상으로 삼은 것이었다. 전자와 후자의 어느 경우도 필요한 일이었고, 그 운동의 주체들은 시대적 사명을 다하고 있었다.

제2차 문명전환은 東아시아의 경우 결국 중국문명(유교사상) 한문·한자문화에 대한 서구문명의 도전이었으므로, 한민족이 서구문명을 수용한 다음, 우리의 문명사회를 이끌어나갈 문화주체는, 한문·한자문화가 아니라, 한글문화 한글·한자 통합문화가 중심이 되었다.

필요성 및 과제"를 읽고.

물론 이 경우 이 문화주체로서의 한글문화는 우리의 고유문명, 고유문자의 정체성만을 고집하는 단순하고 배타적인 한글문화가 아니었다. 그것은 앞에서 언급한 바와 같이 이미 한자(漢字)문화를 우리의 것으로 흡수 통합하고, 유교사상도 우리의 사상으로 그 속에 담았으며, 서양사상도 받아들여 이들을 시대에 맞게 종합하고 전환시켜나가고 있는, 당시로서는 진보적인 문명전환 활동을 하고 있는 이른바 개화사상이었다.133)

그리하여 제2차 문명전환의 격랑 속에서, 東아시아의 유교문명, 한자문명 그리고 東아시아의 중세적 세계질서가 무너지는 가운데서, 우리나라에서는 한글문화 운동과 한글·한자 통합문화로서의 우리 역사 연구가, 국민의 정신과 우리 문명을 지탱하는 정신적 지주가 되고 있었다. 이는 한민족의 제2차 문명전환과 세계화로서, 오늘날 진행되고 있는 현대문명 세계화의 시작이었다.134)

---

133) 이기문, 《개화기의 국문연구》(일조각, 1970).

　　신용하, 〈주시경의 애국계몽사상〉《한국사회학연구》 1(1977).

　　한말에 등장하여 국민계몽에 이바지하고 있었던, 《독립신문》 《황성신문》 《대한매일신보》 《경향신문》 등등의 신문, 그리고 《서유견문》 《대조선독립협회보》 《기호흥학회월보》 《호남학보》 《서북학회월보》 《대한자강회월보》 등등의 단행본과 잡지는 그 예가 되겠다.

134) 신용하, 《독립협회연구》(일조각, 1975).

　　_____, 《신채호의 생애와 업적》(한길사, 1984).

　　신일철, 《신채호의 역사사상연구》(고려대학교 출판부, 1981).

　　이만열, 《단재 신채호의 역사학 연구》(문학과지성사, 1990).

　　이호룡, 《신채호 다시 읽기》(돌베개, 2013).

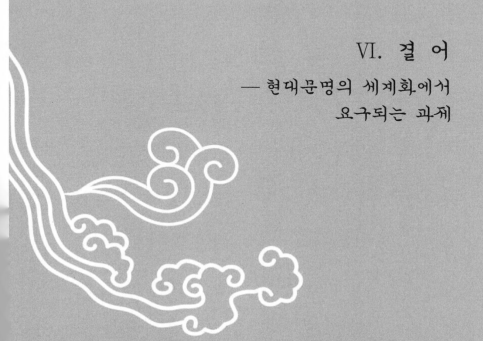

VI. 결 어
— 현대문명의 세계화에서
요구되는 과제

1. 현대세계에서 문명전환과 세계화 문제

우리는 여기에서 과거에 우리가 경험하였던 바 문명전환 세계화에 대한 역사적 고찰을 마무리하고, 결어를 대신해서, 앞으로 전개될 현대세계에서의 문명전환과 세계화 문제에 대하여, 약소국가들은 어떻게 대비해야 할 것인지 생각해보고자 한다.

■ 현대문명과 세계화

현대 세계문명은 19세기 이래로 東아시아와 전 세계를 제국주의 군사력으로 문명전환시킨 서구문명이 중심이 된다. 그러나 그것은 19세기 제국주의시대의 서구문명 그대로는 아니며, 제2차 세계대전 이후 문명세계에 정세변화─세계전쟁에 대한 반성과 인류멸망의 위기의식 그리고 식민지 등 피지배지역 민의 저항과 지적 성장─가 있는 가운데, 그들의 문명전환 세계화정책에 일정한 변화가 있게 된 후의 서구인의 문명이다. 그래서 현대문명의 세계화정책은 제국주의시대의 서구문명의 그것과 크게 다르다고 말해진다.

그렇지만 문명사의 거시적 관점에서 보면, 그것은 달라진 것이 아니라, 서구문명이 본시부터 지니고 있었던 문명전환 세계화정책의 본질적인 양 측면이었다. 그것이 당시의 시대상황에 따라, 앞 시기에는 제국주의적 군사적 측면으로, 뒤 시기에는 문화적 지적 활동 시장원리에 의존하는 순수한 문명교류의 측면으로 표출된 것뿐이었다. 그 국가들이 그들의 문명전환 세계화정책 자체를 폐기하였거나, 그 본질을 변동하고 있는 것은 아니었다. 서구 문명국가들이 추구하는 문명전환 세계화정책의 목표가, 어느 경우에나, 여러 가지 방법으로 다른 나라의 문명을 전환시킴으로써, 그 나라를 자기나라 문명에 종속시키고자 하는 데 있었음은 변함이 없었다.

그러므로 과거의 서구문명과 서구인 중심의 현대문명이, 그 문명전환 세계화정책에서 다르다고 하는 것은, 그 정책을 실현하는 방법을 시세에 맞게 합리적으로 조정하고 있는 점뿐이었다고 하겠다. 그런데 이 논리를 따르면, 그 시세는 가변적이므로, 그 시세가 변하게 되면, 그에 따라 세계화정책의 방법도 달라지지 않을 수 없게 된다. 다시 말하면, 시세의 변동에 따라서는 제국주의시대의 세계화정책의 방법이 다시 등장할 수도 있게 된다는 것이다. 이는 현실로서 우리가 보는 바와 같다.

따라서 현대세계에서도, 선진국 강대국가에 의한 약소국가 低문명권에 대한 문명전환 차원의 세계화정책은, 여전히 살아 있으며, 개발 발전 기타 여러 가지 명목을 내세워 활발하게 전개되고 있는 것이라 하겠다.

■ 약소국가의 세계화는 먼저 역사적 경험에서 교훈을

그러나 그러한 문명전환과 세계화가, 약소국가 저 문명국가에게 줄 결과가 구체적으로 어떠할 것인지는, 명확하지 않다. 그것이 현재의 국가와 문명에게 큰 변화를 요구하는 것임은 분명한데, 그 변화가 그 국가 그 문명에게 안전과 발전을 보장할 것인지, 쇠망으로의 길을 열어줄 것인지는, 아무도 확언해주지 않는다. 확언할 수도 없다. 그것은 전적으로 문명전환을 하고 세계화를 추진해나가야 하는 당사자의 능력과 판단에 달려 있다고 하겠다.

더욱이 세계화라는 용어는 그 개념이, 지식인 사회에서조차도 막연하고 애매모호하며 쓰는 분야에 따라 그 뜻에 차이가 있다. 문명이라는 용어는 포괄적인 개념을 갖는데, 이 문명의 전환과 세계화에 관해서도 그러하였다. 그러나 그러면서도 그 애매모호하고 포괄적인 뜻을 갖는 문명의 세계화가 지금도 현실적으로 진행되고 있는 것이 실정이다. 그러므로 문명전환 세계화를 피동적으로 따라가기만 해야 하는 후진국가에서는, 그 정책의 수행에 지침이 따로 마련되기 어려웠고, 따라서 많은 경우 당혹과 시행착오를 겪지 않을 수 없었다.

이럴 경우, 우리는 그 세계화 문제를 다루는 약소국가의 정치가와 정책 입안자들에게, 역사적 경험에서 교훈을 찾으라고 권할 수 있다.

물론 과거의 역사적 경험을, 지금 진행되고 있는 문명의 전환과 세계화정책에, 그대로 적용할 수는 없는 일이다. 그러나 과거에 우리가 경험하였던 바 東아시아 여러 민족의 천하화 세계화과정이 어떠하였는지, 그리고 서구문명으로의 문명전환 세계화과정이 어떠하였는지를 이해한다면, 앞으로 직면하게 될 세계화가 어떠한 문제점을 안고 전개될 것인지, 그리고 그러한 세계화에 약소국가 低 문명국가는 어떻게 대응해야 할 것인지, 원론적인 면에서나마 그 대책을 찾는 데 참고가 되리라 생각된다.

여기서는 이 같은 문제를 생각해봄으로써 이 글을 맺고자 한다.

2. 두 차례 문명전환 세계화의 본질의 양면성

■ 두 차례 문명전환의 비교

먼저 우리는 과거 우리가 경험하였던 바, 두 차례의 문명전환과 세계화, 즉 東아시아 세계의 제1차 문명전환과 세계화과정 및 오늘날 전 세계적 규모로 전개되고 있는 제2차 문명전환과 세계화 과정이, 어떻게 다르고 어떻게 같은지 그 본질을 비교 파악하는 것이 필요하겠다. 그리고 그런 위에서 앞으로 전개될 문명전환에 대하여 대비책을 생각해보는 것이 좋겠다.

1) 東아시아 문명권 형성의 사상과 현실

■ 중국의 중화사상을 중심으로 한 천하체제 확립운동

東아시아 역사의 발전과정에서 보면, 과거 東아시아 여러 민족의 제1차 문명전환과 세계화는, 중국이 그 중화사상(中華思想) 천하사상(天下思想)을 중심으로, 그리고 중국 중심으로 만든 화이(華夷)관 천하(天下)관 사대자소(事大字小) 조공책봉(朝貢冊封) 등의 논리로, 중국 중심의 천하체제(天下體制)를 확립하는 과정이었다. 중국 중심의 東아시아 문명권 문명세계 국제질서를 확립하고, 운영하려는 정치운동이었다. 이때의 한민족의 문명전환도 마찬가지로 그 질서에 들어가는 것(天下化)이었다.

東아시아 문명권의 운영질서는 중세사회의 국내질서가 종적 수

직적 상하(上下)관계로 편제되었듯이, 국제사회의 질서도 종적 수
직적 상하관계로 편제하여 운영하려는 것이었다. 이러한 東아시
아 문명권의 운영에서, 위[上]가 되는 것은 당연히 천하를 지배하
는 천자의 나라 중국이고, 아래[下]가 되는 것은 중국 주변의 여러
민족과 국가들이었다.

■ 중국의 천하체제 확립에는 정복전쟁이 수반

東아시아에서 제1차 문명전환을 통해 확립되는 중국의 천하체
제 국제질서는, 천자의 나라 중국이 그의 유교적 고등문명의 힘으
로, 주변 국가를 그에게 종속시키고 교화해서 지배하는 질서였다.
이는 중화사상 유교사상의 덕치주의로 표방되기도 하지만, 유교
사상은 그 자체가 불평등한 패권주의 사상이기도 하였다. 그러므
로 거기에는 군사적 정복전쟁을 앞세운 힘의 논리가 동반하였다.
따라서 문명전환 천하화 세계화의 과정에는 중국과 주변국들 사
이에 갈등 대립이 따랐고, 그 결과 주변국들은 종족, 민족, 국가,
문명의 흥망성쇠가 따르기도 하였다. 문명전환과 세계화는 여러
다양한 이질적인 문명을 하나의 문명, 하나의 세계로 통합하는 과
정이었으므로 그것은 당연한 귀결이었다.

물론 중국 주변의 종족이나 민족들이 중국에 대항하고 중국을
정복하는 경우도 여러 차례 있었다. 그러나 그들이 힘으로 중국을
정복했더라도, 그들의 문명이 중국문명보다 낮으면 그 문명이 조
만간 중국문명에 흡수되고, 종족이나 민족마저도 중국민족에 융
화되는 것이 일반이었다. 東아시아 문명권의 긴 역사에서 보면,

그러한 종족과 민족은 많았으며, 따라서 東아시아 역사에서 문명전환의 결과는, 북방민족, 주변종족 민족 국가는 많은 경우 소멸되고, 중국은 거대한 영토와 인구를 포용하는 초대형 국가가 되는 것이었다.

■ 한민족 중국문명으로 문명전환, 그리고 한글·한자 통합문명 창출

앞에서 상론한 바와 같이(제Ⅳ편), 한민족도 후기고조선 말기 이래로, 중국 연나라 및 진·한제국의 동진정책과 그 후에는 수·당제국의 침략정책으로, 영토와 주민의 많은 부분을 잃고 소국으로 살아남았다. 그동안 우여곡절이 있었지만, 결국 한민족은 중국의 천하체제에 편입되고, 중국문명이 중심이 되는 東아시아 문명으로 문명전환을 하지 않을 수 없었다.

그렇지만 한민족의 문명전환은 중국문명으로 문명전환을 하고, 그 문명을 수용하고는 있었지만, 그것이 고조선문명을 중국문명으로써 대체하려는 것은 아니었다. 그들은 알타이어계 고조선문명의 바탕 위에, 중국의 선진문명을 수용 종합함으로써, 그들의 문명을 수준 높은 통합문명으로 발전시키고자 하였다. 그리하여 한민족의 그 후 천 년 2천 년에 걸친 긴 세월의 문명전환의 역사는, 이 두 흐름을 점진적 단계적으로 조정 통합해나가는 과정이 되었다.

그 과정은, 처음에는 전통적인 고유문명의 바탕 위에 중국의 유교문명을 부분적으로 수용 보완하는 것으로써 문제를 해결하려 하였다. 물론 이로써 문제가 해결될 수는 없었다.

232 VI. 결 어 ― 현대문명의 세계화에서 요구되는 과제

다음에는 중국문명, 즉 유교문명을 적극 받아들여 제도화하면서도 고유문명 또한 그대로 유지하려는 병행정책을 취하였다. 신구 사조(思潮) 사이에 갈등과 대립이 심하였다.

마지막으로 한민족의 문명전환은, 중국 유교문명을 우리 자신의 것으로 적극 도입하여 이를 발전시키되(국정교학, 조선성리학), 우리의 고유문명도 우리의 언어체계에 맞는 새로운 문자를 연구 개발하여(훈민정음, 한글) 발전시켰다. 그리고 이 한글문명을 한자문명과 결합하고, 유교문명과 일체가 되도록 결합함으로써, 우리의 고유문명을 '한글·한자(漢字) 통합문명'이라고 하는 새로운 차원의 깊고 넓은 선진문명으로 재창출시켰다.

그리하여 한민족의 이 한글·한자(漢字) 통합문명은, 과거의 東아시아 문명권 속에서뿐만 아니라 현재의 세계 문명권 속에서도, 그들을 창의적인 문명민족의 당당한 일원이 될 수 있도록 하였다. 이는 한민족이 장구한 세월에 걸쳐, 문명전환에 적극 대응하면서도, 자신의 정체성을 놓치지 않으려고 노력한 산물이었다.

2) 근대 서구문명 세계화론의 이상과 현실

■ 근대 서구문명의 사상 ; 자유·평등·박애 그리고 민주화

東아시아 세계의 제1차 문명전환과 세계화에 견주어, 서구 근대의 제2차 문명전환과 세계화, 그리고 앞으로도 이어서 전개될 현대문명의 세계화는, 서구세계에서 근대사상으로서 탄생한 자유(自

由) 평등(平等) 박애(博愛)의 정신을 바탕으로 하고, 인간사회의 민주화(民主化)를 목표로 하면서 발생 발전 운영되어 왔음이 큰 특징이었다. 그런 점에서 근·현대 서구문명의 세계화는, 그 기반논리가 과거 東아시아 문명의 세계화 논리와는 달리, 횡적·수평적 논리로서 운영되는 특징을 지닌다고 하겠다. 이는 모든 국가가 다 그러하였던 것은 아니지만, 적어도 이상(理想)은 그러하였으며, 앞으로는 모두 그리 되기를 기대하는 지표이었다. 한 나라의 국내용 사상으로도 그렇고 국제사회를 이끄는 지도 원리로서도 그러하였다.

그뿐만 아니라 현대문명의 세계화에서는, 이를 이끌고 주재하는 국가가 하나의 나라가 아니라 복수의 여러 나라이고, 국제적 분쟁을 조정하기 위해서는 UN과 같은 기관이 설치되어 있다는 점도, 과거 중국 중심 東아시아 세계에서의 세계화론과 다른 점이라고 하겠다. 이는 어떤 힘 있는 국가라도 한 나라가 세계를 독단으로 지배할 수 없음을 뜻하는 것이다.

■ 근대 서구문명의 정치 경제적 특징 ; 자본주의·제국주의·식민주의·침략전쟁

그러나 근·현대문명의 세계화가 이 같은 이상적인 사상만을 바탕으로 하면서 전개되었던 것은 아니었다. 서양의 근대국가는, 산업혁명과 자본주의의 시장개척, 그리고 식민지 확보를 위한 제국주의 침략전쟁을 강행하면서 탄생 발전하였고, 그들이 경제적 목적을 달성하기 위해서는, 東아시아 및 그 밖의 여러 후진지역에 대하여 문호개방·문명개화·세계화를 외치며 압력을 가해왔다.

근·현대의 문명전환 세계화는 자유·평등·박애와 제국주의 침탈이라고 하는 상반된 양면성을 지니고 있었다. 따라서 이때의 세계화과정에서도 세계 여러 지역에서는 약소민족 약소국가의 희생이 따르지 않을 수 없었다.

한민족의 제2차 문명전환과 세계화도 이러한 제국주의 침탈의 상황하에서 진행되었다. 이 기간은 근대 서구문명을 받아들여 서구식 세계화와 근대 국민국가로 변신하는 과정이었다. 동시에 이 기간은 이웃 제국주의국가 일제의 침략과 강점을 받는 가운데, 민족해방을 쟁취하지 않으면 안 되는 기간이기도 하였다.

이는 당시의 조선왕조가 문명전환의 물결에 적절히 대응하지 못한 결과였다. 지금 해방은 되었다고 하나 그것은 제한적인 것이며, 제국주의 국가 연합국들은 그 후 한민족·한반도를 남북분단(南北分斷)하였다. 제국주의시대 제국주의국가들에 이성은 없었다.

3. 약소민족 低 문명국가의 세계화정책에서 요구되는 자세

■ 문명전환 세계화에서 충격을 주는 자와 받는 자

문명전환 세계화의 개념은 한 문명권을 형성하고 살아가고 있었던 국가 민족이, 이런저런 사정으로 다른 이질적 문명권의 국가로부터 높은 수준의 문명을 수용하거나, 또는 타 문명권의 국가에게 문명 국가 민족이 아주 흡수되어, 본래 자기 문명의 일부 또는 전부를 포기하고, 타 문명으로 전환·변화하여 살아가게 되는 변동 과정을 말한다.

역사적 경험에서 보면, 이러한 문명전환의 변동과정에서, 궁극적으로 문명상의 충격을 주는 것은 고등 문명을 지닌 강대국가이고, 그 충격을 받는 것은 低 문명의 약소국가이었다. 그러므로 이곳에서는, 특히 이 低 문명권 국가 민족들이 앞으로 있을 문명전환 세계화과정에서, 어떻게 대처해야 살아남을 수 있을 것인지, 두 차례의 역사적 경험에 비추어 원론적인 방안이나마 생각해보았다.

■ 두 차례 문명전환의 본질에는 양과 음이

두 차례 문명전환과 세계화는, 위에서 살핀 바와 같이, 객관적 기반논리에 차이가 있고, 시대를 따라 기층사상에 차이가 있었다. 그러므로 지난 시기의 문명전환과 세계화의 경험을, 앞날의 문명 전환과 세계화과정에 그대로 대비 적용할 수는 없는 것이라 하겠다. 그러나 그러면서도 그 두 차례 문명전환의 사상과 논리에 의거한 세계화는, 결국 어느 쪽이건, 여러 이질적인 문명을 하나의 세계화문명으로 통합하는 과정이었다는 점에서 공통이었다.

그리고 거기에는 강대국과 약소국의 힘의 논리, 즉 군사적 침략 정복에 따른 지배 복속 희생이 따르고 있었다는 점도 공통이었다. 표방하는 구호는 달랐지만, 그 두 차례 문명전환의 사상과 논리가 내포하는 목표와 의도는 같았다.

요컨대 두 차례의 문명전환에서 볼 때, 문명전환의 본질은 순수한 문명통합과 군사정복의 어느 경우로 보거나, 지배와 복속 희생이 따르는 양면성이 있었다는 점, 그리고 그 문명전환을 통해 이루어진 하나의 세계화문명도, 거기에 형성된 사회는, 그 전체가 하나의 보랏빛 같은 이상향이 아니라, 양과 음의 표리관계로 구성되어 있었다는 점을, 잊어서는 안 되겠다.

■ 앞날의 세계화에서 예상되는 문제점

두 차례 문명전환의 위와 같은 역사적 경험에 비추어 보면, 앞으로 이어지고 전개될 현대세계의 문명전환 세계화과정에서도, 같은 논리의 현상 역사가 전개될 것임을 부정하기 어렵다고 하겠다. 물론 그것은, 시대가 바뀌고 상황이 달라졌음에서, 양상이 다르게 전개될 것이다. 그렇지만 그 세계화의 내용은, 결국 다양한 형태의 여러 문명을 하나의 문명세계로 참여시키고 통합하는 과정이라는 점에서, 그 문명전환의 주체국과 객체국 사이에 이해관계에 따른 갈등 대립 충돌이 발생할 것임도 예상할 수 있는 일이라 하겠다. 그리고 그것은 강대국가의 침략전쟁으로 이어지기도 할 것이다.

■ 역사적 경험을 통해서 문명 대책을

그러므로 이 같은 역사적 경험에 비추어, 문명 수준이 낮고 국력이 약한 약소국가들이 문명전환 시대에 살아남기 위해서는, 세계화문명의 흐름을 정확하게 파악하고 현명하게 대응해야 한다고 하겠다. 그 국가는 문명전환과 세계화의 물결을 가볍게 생각하고 세계화문명의 큰 바다에 텀벙 뛰어드는 우를 범해서는 안 되겠다. 문명전환의 주체와 객체의 국력·능력, 문명전환 후의 득실을 정확히 파악한 뒤, 가능성이 있다고 판단될 때 비로소 적극적 능동적으로 참여해야 한다고 생각된다.

그리고 문명전환과 세계화 물결에 이미 참여하고 있는 국가들에게는, 이 같은 문제를 합리적으로 풀어나갈 수 있는 현명한 대책의 수립이 요청된다 하겠다. 문명전환에 대한 그러한 대책은 위정자들이 역사적 경험을 통해, 이를 거울삼아, 서두르거나 욕심내지 말고, 정치·경제·사회·사상·과학·산업·군사 등 모든 면에서, 민족과 국가의 자주성과 자기 문명의 정체성을 지켜나갈 수 있는 방안을 연구 개발하여 수행해야 하겠다. 이러한 문제를 다루는 연구기관도 있어야 할 것이다.

이를 이 글의 주제와 관련하여 다시 더 말한다면, 국가에게는 과거와 현대세계의 문명전환, 세계화의 본질이 어떠한 것이었는지 냉철하고 정확하게 인식하고, 그 물결에 능동적으로 대응하되, 그러나 적절하게 대처하기 위한 학문적 연구와 문화정책이 필요하다 하겠다. 그렇게 하지 않으면, 현재 지니고 있는 문명수준의 현상유지는 고사하고, 그 문명전환의 큰 바다에서 익사하거나, 역사의 흐름에서 낙오하고 탈락하게 마련이기 때문이다.

■ 세계화문명과 고유문명의 조화

그러나 그럴 경우 그 능동적인 대응이, 자신의 고유문명을 경시하고 세계화의 물결을 따라가기만 하는 것이 되어서는 안 되겠다. 그렇게 되면 그의 고유문명은 고사(枯死)하거나 익사하며, 그 민족은 과거의 東아시아 역사 속의 주변민족들과 같이 될 것이기 때문이다. 그러므로 현대문명의 세계화 속에서 하나의 시민권을 갖는 국가 민족이 되기 위해서는, 국가는 문명전환과 세계화정책에 능동적으로 대처함과 아울러, 그 자신의 고유문명·전통문명을 선진 세계화문명과 동반자가 되고 동격이 되도록, 그 문명을 보호 육성하고 그와 관련된 학문을 발전시켜나가지 않으면 아니 된다고 하겠다.

하지만 그럴 경우에도 새로 받아들이는 세계화문명과, 자기 자신의 고유문명의 정체성이, 각각 대립하는 존재로서만 있어서는 큰 의미가 없겠다. 그것은 결국 충돌을 부를 것이기 때문이다. 약자는 새로운 세계화문명을 받아들이되, 그것을 자기의 고유문명과 하나가 되도록, 종합해나가는 노력과 지혜가 필요하다 하겠다. 그럴 경우 앞에서 언급한, 한민족의 한글·한자(漢字) 통합문명 창출은, 하나의 표본사례가 될 수도 있을 것이다.

그리하여 어떤 국가 어떤 민족이거나를 가리지 아니하고, 현대 세계화문명의 수준이 높아짐과 아울러, 그 고유문명의 독자성 정체성이 또한 뚜렷하게 확립될 때, 그 국가 그 민족은 역사적으로 문명국가 문명민족으로 대접받으며, 그 세계화문명 속에서 당당하게 살아갈 수 있는 정신적 힘을 얻게 되는 것이라고 하겠다.

■ 현대의 大세계 문명권은 세계인 모두의 문명공동체

끝으로 한마디 더 첨부한다면, 예로부터 문명전환은 군사적 침략전쟁을 동반하면서 전개되었는데, 앞으로의 문명전환 세계화에서는 그러한 전쟁은 피하도록 세계인이 더불어 노력해야 한다는 점이다. 전쟁은 강대국가의 이익을 위해서 약소국가에게 너무나 많은 희생을 강요하였고 그 문명을 파괴하였기 때문이다. 그리고 현대세계에 이르기까지도 살아남은 모든 세계인의 문명은, 전 인류의 공동의 문명사적 산물이고 자산이기 때문이다.

세계, 즉 大세계 문명권은 국가규모의 대소나 강약을 막론하고, 그리고 그 문명의 다양성과 차별성에도 불구하고, 그리고 현대문명에 기여하는 학문 수준의 선진성 후진성을 막론하고, 세계인이 더불어 같이 살아가는 '문명 공동체'이다. 그런 점에서 그들 大세계 문명권의 민족 국가 문명은 그 자격에서 대등하며, 따라서 어느 한 나라 한 문명권이 세계문명을 독단할 수는 없는 것이다. 하물며 전쟁을 통해서 타 문명을 파괴하고 소멸시키는 일은 있어서는 아니 될 것이다.

현대문명을 이끄는 보편적 가치관은, 근대 서구문명이 내세운 자유 평등 박애와 이를 바탕으로 한 민주주의의 실현이 되겠다. 앞으로 어떤 위대한 철학자가 이보다 더 훌륭한 새로운 보편적 가치관을 내놓겠는지 알 수 없지만, 그때까지 당분간은 이 가치관이 세계 전 민족 국가 문명사회를 이끄는 지침으로서 존중될 수 있을 것이다. 그리고 그러한 관점에서 세계 여러 민족 국가들의 다양한 고유문명 또한 존중되어야 할 것이다.

찾아보기(요점정리)

ㄱ

242

244

248

250

ㄴ

254

256

ㄹ

258

□

모든 사람들이 중국문자(漢字)를 통일된 우리말 발음으로 읽고 이해할 수 있도록 하다 188
── ───이 한자(漢子)에 대하여 새로운 체계에 의한 훈민정음 표준발음을 제정 188

모피산업　108　　　목축‧유목민생활　　　58

몽골(蒙古)　22
──‧원(元)의 통치정책은 몽골이 스스로의 고유문명 관습도 유지하고 문명전환도
하면서 중국을 통치하려는 방안　　　168
──‧────제국　178
──‧──────방식의 문명전환이고 세계화　169
──‧────────에서는 주자학의 학문 사상을 심화코자 만권당을 설치하고 학자를
양성　167
──‧────────은 그 국가들을 지배하고, 그 국제사회를 이끌어나갈 수 있는 문명
정책으로서의 이론과 방법이 필요함　166
──‧────────은 그 자신의 본래의 천하관 천하체제 지배관을 바탕으로 하면서
거기에 그가 정복한 중국의 전통적인 유교적 천하사상 천하체제의 이론 방법을
결합한 몽골‧원제국의 천하사상 천하체제로서 운영해나갔다　166
──‧────────은 알타이어계 북방민족 고도한 문명국가 중국과 그 주변 세계를
정복하고 천하를 지배하는 대제국이 되었다　166
──‧────────은 이미 종전의 유목민 정복국가가 아니었고 중국의 전통적인 농업
국가 유교국가의 체제 안에 깊숙이 들어와 있었다. 그러므로 몽골‧원제국은

ㅂ

264

274

○

276

우리 고유문명을 재건하고 발전시키기 위한 기반학문을 건설하려면 조선왕조는 국
호가 '조선(朝鮮)'이었던 만큼 그 지향하는 바 고유문명을 찾는 노력은 당연히
고조선 이래의 우리의 문명 문화전통에 있지 않을 수 없었다. 다만 당시는, 문
명전환이 지향하는 유교사상이 사상계의 주도권을 장악하고 있었으므로 그 고
조선을 단군조선과 기자조선 가운데 어느 것을 중심으로 할 것인가 하는 점에
서 정치가 학자들 사이에 큰 견해차가 있었다　　　184

── 민족 고유의 문자를 '훈민정음'('한글')으로서 창제　　187

── ──, 우리 문명은 언어에서 중국민족, 중국문명과 확연히 구분되고 있었다.
그러므로 문명전환 세계화를 통한 문화발전이 우리의 고유문명 정체성을 유지
하며 우리의 입장에서 세계화를 추진해나가고자 한다면 우리의 언어를 가장 잘
반영한 우리의 문자 '훈민정음'을 연구 개발할 필요가 있었다. 그리고 그 '훈민
정음'을 중국문자(漢字)와 결합하여 중국문명, 중국사상을 수용하는 것이 바람
직하였다　　　187~188

──가 볼 수 있는 고조선에 관한 옛 글들은 모두 한자로 기술된 것　　111

우리나라 개국시조는 전기고조선은 단군이고 후기고조선은 기자(가한)이며 고조선의
활동무대는 만주와 요동에서 한반도에 걸치는 지역 186

우리는 그 세계화 문제를 다루는 약소국가의 정치가와 정책 입안자들에게 역사적 경
험에서 교훈을 찾으라고 권할 수 있다　　228

──는 이러한 헌법 개정을 통해서 이때의 문명전환이 〈제헌헌법〉의 국가체제와 경
제사회를 어느 방향으로 어떻게 변화시켰는지 파악할 수 있다　　　213

──는 ── ──의 변동과정을 통해서 이때 우리 문명전환이 어떤 형태의 국가와
경제사회에 정착하였다가 이행하였는지 살필 수 있을 것　　　208

──의 고유문명 전통사상을 천하사상으로서의 유교사상 속에 대등하게 내면화하고

278

ㅈ

282

284

288

청동기와 곡물재배가 뒷받침하는 초기국가가 등장할 수 있는 과학적 논리적 근거가
　　형성　　86

최초로 성립된 작은 초기국가는, 小세계 문명권의 형성　27

ㅋ

ㅌ

토인으로서 낙랑인이라는 표현은 이 지역에 적을 둔 사람이라는 뜻이지만 동시에 큰

Ⅱ

ㅎ

한민족과 한반도 정치세력들은 그 지배(낙랑군)에서 탈출할 수 있는 방법은 되도록
　　신속하게 중국문명을 수용함으로써 고조선의 문화전통과 국가를 재건하는 일이

298

300

의 실현이 되겠다. 그러한 관점에서 세계 여러 민족 국가들의 다양한 고유문명 또한 존중되어야 할 것이다   239

―――의 세계화 속에서, 하나의 시민권을 갖는 국가 민족이 되기 위해서 국가는 문명전환과 세계화정책에 능동적으로 대처함과 아울러 그 자신의 고유문명·전통문명을 선진 세계화문명과 동반자가 되고 동격이 되도록 그 문명을 보호 육성하고 그 학문을 발전시켜나가지 않으면 아니 된다고 하겠다. 하지만 그런 경우에도 새로 받아들이는 세계화문명과, 자기 자신의 고유문명의 정체성이 각각 대립하는 존재로서만 있어서는 큰 의미가 없겠다. 그것은 결국 충돌을 부를 것이기 때문이다. 약자는 새로운 세계화문명을 받아들이되 그것을 자기의 고유문명과 하나가 되도록, 종합해나가는 노력과 지혜가 필요하다 하겠다. 그럴 경우 한민족의 한글·한자(漢字) 통합문명 창출은, 하나의 표본사례가 될 수도 있을 것이다   238

―――의 ―――에서는 이를 이끌고 주재하는 국가가 하나의 나라가 아니라 복수의 여러 나라이고 국제적 분쟁을 조정하기 위해서는 UN과 같은 기관이 설치되어 있다. 어떤 힘 있는 국가라도 한 나라가 세계를 독단으로 지배할 수 없음을 뜻하는 것이다   233

현대세계에서도 선진국 강대국가에 의한 약소국가 低 문명권에 대한 문명전환 차원의 세계화정책은, 여전히 살아 있으며 개발 발전 기타 여러 가지 명목을 내세워 활발하게 전개되고 있는 것이라 하겠다   227

―― 세계문명은, 19세기 이래로 전 세계를 제국주의 군사력으로 문명전환시킨 서구문명이 중심이 된다. 그러나 그것은 제2차 세계대전 이후 그들의 문명전환 세계화정책에 일정한 변화가 있게 된 후의 서구인의 문명이다. 그래서 현대문명의 세계화정책은 제국주의시대의 서구문명의 그것과 크게 다르다고 말해진다. 그렇지만 문명사의 거시적 관점에서 보면, 그것은 달라진 것이 아니라 서구문명이 본시부터 지니고 있었던 문명전환 세계화정책의 본질적인 양 측면이었다. 그것이 당시의 시대상황에 따라 앞 시기에는 제국주의적 군사적 측면으로 뒤 시기에는 문화적 지적 활동 시장원리에 의존하는 순수한 문명교류의 측면으로 표출된 것뿐이었다   226

302